Hans-Jürgen Lenhart

Leslie Link

Ein Leben im Electric Guitarland

„Leslie" Link

Als Harald Heinz Link 1947 in Seligenstadt geboren, war er Gitarrist u. a. der bis heute legendärsten Band, die Hanau je hervorgebracht hat: *Orange Peel*. Er gilt als versierter Gitarrenkenner und betrieb zudem von 1976 bis 2024 einen überregional bekannten Gitarrenladen in Hanau. Als Profimusiker erlebte er den Zeitraum von 1960 bis circa 1971, in dem sich Rock 'n' Roll, Beat, Rhythm & Blues, Soul und Rockmusik in ihren progressiveren Varianten wie Psychedelic Rock abwechselten. Er agierte mitten in der damals angesagten Hanauer Musikszene und wird wegen seines Gitarrenstils oft „der Hendrix von Hanau" genannt.

Hans-Jürgen Lenhart

1954 in Hanau geboren und Kenner der hessischen Stadt (Buch „Der alte Hanauer"), seit den frühen 1990er Jahren als Musikjournalist für verschiedene Fachmagazine im Bereich Rock, Jazz, Weltmusik und Musiksendungen des WDR, des HR und Radio X, Frankfurt tätig. Er betreibt zudem Podcasts zu Musikthemen. Gleichzeitig tritt er auch mit eigenen literarischen Programmen und stadtkundlichen Vorträgen zu Hanau auf. In diesen beschäftigte er sich häufig mit der Hanauer Musikszene der 1950er bis 1970er Jahre, aber auch der von Hanaus englischer Partnerstadt Dartford im gleichen Zeitraum. Er lebte bis 1978 in Hanau, danach in Frankfurt am Main.

Lenhart hat durch Interviews, Recherchen und Zusammenstellen von Bildmaterial diese Biografie erstellt.

Hans-Jürgen Lenhart

Leslie Link

Ein Leben im Electric Guitarland

Impressum

Bibliografische Information der Deutschen Nationalbibliothek:
Die Deutsche Nationalbibliothek verzeichnet diese Publikation in der Deutschen Nationalbibliografie; detaillierte bibliografische Daten sind im Internet über http://dnb.dnb.de abrufbar.

www.der-panische-poet.de
Kontakt: Lenhart-HMS@gmx.de

Lektorat, Korrektorat: Ursula Zierlinger
Umschlaggestaltung, Layout und Satz: Annette Harnecker

Verlag: BoD · Books on Demand GmbH, In de Tarpen 42, 22848 Norderstedt, bod@bod.de
Druck: Libri Plureos GmbH, Friedensallee 273, 22763 Hamburg
ISBN: 978-3-7693-1752-7

INHALT

„… Leslie war für mich ein unglaublich wichtiger Musiker in und für meine Karriere. Ich war 13 Jahre alt, als er mich in die Band The Inspiration's Six holte, das war damals die Band im Kreis Frankfurt. Leslie war der einzige Berufsmusiker, zu dem alle aufschauten. Er hat mir viel beigebracht, vor allem Leidenschaft beim Musikmachen. Wir haben gemeinsam Orange Peel gegründet und eine tolle Zeit miteinander verbracht, der Rest ist Geschichte. Leslie, ich danke Dir für alles!!!! Dein ewiger Freund …"

Curt Cress

„Wie Leslie als 14-jähriges Gitarrenwunder Leadgitarrist bei der Hanauer Profiband The Twens wurde, geriet er zur Legende."

Chris Hyde

VORWORT

Leslie Link, der „Hendrix von Hanau". Ob er das so gern hört, sei dahingestellt. Eigentlich stimmt gar nichts daran. Leslie heißt nicht Leslie, sondern mit bürgerlichem Namen Harald Heinz Link, Rufname Heinz. „Leslie" ist zudem ein Rotationslautsprecher für den Vibratoeffekt bei Hammondorgeln und deutet nicht gerade auf einen Gitarristen hin. Tatsächlich fühlt sich Leslie aber genauso stark vom Hammondorgelspiel der Jazzlegende *Jimmy Smith* beeinflusst wie vom Gitarrengott *Jimi Hendrix*. Er kommt auch nicht aus Hanau am Main, sondern aus Seligenstadt. Und seine ersten musikalischen Versuche machte er zudem auf einer Trommel. Außerdem wollte er ursprünglich Maler werden. Wie es zu seinem Spitznamen „Leslie" kam, ist eine andere Sache. Es ist aber die Geschichte eines Musikers, der ein Phänomen war und ist, und zwar deshalb, weil er ohne eine große Schallplattenkarriere, seit Jahrzehnten der bekannteste Musiker im Hanauer Raum geblieben ist. Und es ist die Geschichte einer Zeit, in der die Livemusik-Szene in Deutschland mehrere stilistische Wechsel in kurzer Zeit vollzog, die nicht immer in den Musiklexika stehen. Es ist vor allem der Zeitraum von 1960–1971, wo Rock 'n' Roll, Beat, Rhythm & Blues, Soul und Rockmusik in ihren progressiveren Varianten wie Psychedelic Rock sich abwechselten oder beeinflussten. Es ist aber auch ein Stück Geschichte deutscher Rockmusik sowie speziell der damals angesagten Hanauer Szene mit ihren vielen Musikclubs, voller amerikanischer Soldaten in den 1960er Jahren, für die Link ein unschätzbarer Zeitzeuge ist. Und es ist natürlich die Geschichte der bis heute legendärsten Band, die Hanau je hervorgebracht hat: *Orange Peel*. Ihr Gitarrist Leslie Link rief sie immer wieder zusammen und selbst Jahrzehnte nach ihrer eigentlichen Auflösung kamen Hunderte zu Reunion-Konzerten. Die nie versiegende Popularität des Musikers und Gitarrenladenbesitzers Leslie Link soll hier erklärt werden, aber auch die Person Harald Heinz Link. De „Leslie" ewe, wie mer in Hanau saacht.

Eines heißen Sommertages im Jahre 1958 ging der kleine Harald Heinz Link zum *Eis-Kaiser* in Seligenstadt, um sich ein Eis zu gönnen. Seinen Spitznamen „Leslie“ sollte er erst später bekommen. Daneben befand sich eine Bar, in der sich die Halbstarken trafen. Die Tür stand auf, weil es so heiß war. Aber es sollte gleich noch heißer werden. Ein Schmalzgelockter trat an den Musikautomaten und warf Münzen ein. Mit sicherem Blick wählte er das, was Schmalzgelockte damals hörten, um sich von den milchgesichtigen anderen Bubis abzusetzen:

„*A wop bop a loo bop, a lop bam boom, Tutti Frutti, oh rootie …*“ tönte, nein brüllte es da aus der Musikbox. Der genial-besessene Schreigesang ließ die Halbstarken sofort mitwippen. *Little Richard* wollte damit verbal ein Schlagzeug nachahmen. Einige der Jungen in der Bar trommelten den Rhythmus auf dem Tisch nach und bewegten ihren Körper dabei.

I got a girl, named Sue,
She knows just what to do.
I got a girl, named Sue,
She knows just what to do.
I rock to the east, she rocks to the west,
but she's the girl that I love the best.

Ob die Jungs wussten, dass mit dem Rocken der Geschlechtsakt gemeint war (im ursprünglichen Text sogar Analsex), sei dahingestellt. Aber sie spürten es und sie sangen mit. Von der anderen Straßenseite rief noch einer:

„Hey, macht die Affemusik aus, sonst zieh isch Eusch de Stecker!"

Da ging draußen in diesem Moment der kleine Harald Heinz vorbei und er konnte nicht fassen, was er da hörte. Wie elektrisiert blieb er stehen, dann begann es seinen Körper durchzuschütteln. Das soll auch Musik sein? Und was für welche: Es war pure Energie, nein, es war irre! Harald Heinz hatte bisher zwar schon Gitarre zusammen mit seinem Onkel Martin gespielt, einem Festzelt- und Kneipenmusiker, der die chromatische Knopfharmonika bediente, aber nur Musettes, Csárdás, Polkas und Walzer. Dazu spielte sein Cousin Schlagzeug. Doch diese Wildheit, diese Besessenheit, die aus der Bar herausdrang, ging ihm nicht mehr aus dem Kopf. Das Rock 'n' Roll-Ding steckte wie ein Stromstoß in ihm. Es war eine andere Welt, das war ein Urschrei. Am Abend ging Harald Heinz zu seinem Onkel und erklärte ihm:

„Du, ich kann mit dir nicht mehr auftreten. Ich muss unbedingt wissen, wie die Musik zu spielen geht, die ich heute Nachmittag um die Ecke vom *Eis-Kaiser* gehört habe. Tut mir leid, es muss einfach sein."

Seitdem ging er sonntagnachmittags immer in Seligenstadt in den *Schwan*. Da spielten die *Johnny Boys*, Titel wie „Charlie Brown" und so Ähnliches. Heinz durfte sich neben Schlagzeuger „Johnny" setzen, der ihm immer eine Bluna spendierte. Die Jungs erzählten ihm von den Indonesiern aus der *Jolly Bar*, Bands wie die *Tielman Brothers*, die zu den angesagtesten Rock 'n' Roll-Gruppen der Clubszene gehörten. Diese sogenannten „Indo-Rocker" waren niederländische Showbands indonesischer Abstammung, die mit ihren wilden Bühnenshows und speziellen Gitarren den Rock 'n' Roll auf den Konzertbühnen noch einmal aufblühen ließen, der Ende der fünfziger Jahre bereits im Absterben begriffen war. Die „Tielmänner", wie sie allgemein genannt wurden, spielten bei ihren Shows die Gitarre teils auf dem Rücken oder mit dem Schuh, auch sprang der Gitarrist *Andy Tielman* schon mal auf den quergelegten Stehbass. Natürlich machten die Schilderungen seiner neuen Freunde Heinz neugierig. Er setzte sich aufs Fahrrad, fuhr nachmittags zur *Jolly Bar*, doch sie war noch geschlossen. Nach endlosem Warten kam ein Kleinbus an, und darin saßen tatsächlich die „Tielmänner". Zu Heinz' Überraschung durfte er mit in die Bar zum Aufbau und Soundcheck. Er hatte vorher noch nie eine Brettgitarre gesehen und hier waren derer gleich drei. Dann fingen sie an zu spielen; Heinz fiel vor Staunen die Kinnlade herunter. Sie warfen sich gegenseitig die Instrumente zu, Andy spielte mit den Zähnen Gitarre und der Drummer trommelte auf den Saiten. Welch ein Sound, vielmehr was für eine Power und was für eine Show!

Danach begann Heinz wie besessen Gitarre zu üben. Eines Tages lief ein 18-jähriger Typ mit Gitarre über den Marktplatz in Seligenstadt. Heinz wurde neugierig und fragte ihn:

„Hier, hör mal! Wohin gehst du denn mit deiner Gitarre da?"

„Ich gehe zum Charlie Koch. Das ist nichts für dich!"

Doch Heinz ließ sich nicht abwimmeln und ging mit. Charly lag im Bett, spielte vor sich hin. Da merkte Heinz, dass er mit ihm durchaus mithalten konnte, und so getraute er sich, zu sagen:

„Du, ich spiele auch Gitarre. Wie wär's? Die hole ich jetzt und mein Nordmende-Radio mit den Bananensteckern als Verstärker."

Im Partykeller eines der Musiker wurde dann kräftig gejammt und Heinz war mittendrin dabei. Und eines Tages sagte Werner, der Bassist zu Heinz:

„Wie heißt du gleich? Heinz? Oh, Gott! Das klingt ja nach gar nichts! Hey, du solltest anders heißen! Weißt du was? Du bist ab heute der Leslie."

Und damit ging sie los, die Geschichte vom Gitarrenzauberer Leslie Link.

KINDHEIT UND JUGEND

Kommt ein Vogel geflogen

So ein Storchenvogel, wahrscheinlich ein amerikanischer, der brachte Leslie zu seiner Mutter nach Seligenstadt. Da ist er am 3.7.1947 als Harald Heinz Link unehelich geboren. Er erinnert sich:

> „Meinen Vater habe ich nie kennengelernt. Ich erfuhr erst vor wenigen Jahren, dass er ein Amerikaner ist. Ich gehe in Seligenstadt spazieren, da erkennt mich eine alte Frau. Von der weiß ich das. Meine Mutter hat mir das nie erzählen wollen. Das kann man bezüglich der damaligen Zeit verstehen. Sie riskierte, für ein Amiflittchen gehalten zu werden. Ihre Schwester hatte einen Ami, der hieß Bernhard und vielleicht hat er beide geschwängert oder er hat einen Freund mitgebracht. Ich wunderte mich jedenfalls schon immer, dass ich nicht auf dieses Walzer- und Polkazeug stand, sondern mich der Blues packte."

Leslies Mutter hieß Margarethe Mössgen, geb. Link, und war Lederfacharbeiterin. Sie wurde relativ alt und starb 2019 mit 104 Jahren. Ihr erster Mann fiel im Krieg. Seine Geschwister sind um 1940 geboren. Um 1950 heiratete Leslies Mutter Rudolf Mössgen, sodass Leslie einen Stiefvater bekam. Dessen Vater hatte eine Zigarrenfabrik in Ascunción, der Hauptstadt Paraguays, und hatte eine deutsche Frau, die aus Heimweh nach Frankfurt ging. Er kam hinterher, arbeitete hier nur als Weißbinder.

„Die Mutter Rudolfs zog dann auch zu uns. Die wollte aber mit mir nichts zu tun haben. Rudolf dagegen war gut zu mir. 1952 wurde mein Stiefbruder Horst geboren. Ich hatte außerdem einen amtlichen Vormund. Das vermittelte mir in der Familie das Gefühl, ein Außenseiter zu sein, wovon mich die Musik später rettete."

Leslie mit seiner Mutter Margarethe Mössgen

Zunächst wollte Leslie Kunstmaler werden. Den Seligenstädter Freilandmalern sah er immer über die Schulter und malte schon mit zehn Jahren Aquarelle. Er war durchaus talentiert, wie sein Aquarell des Turmes der Seligenstädter Basilika zeigt. Seine Schule schenkte ihm einen Malkasten und wollte ihm sogar einmal ein Bild abkaufen. Gleichzeitig trommelte er mit drei Jahren mit Kochlöffeln auf Gurkeneimern herum, bis er eine Trommel geschenkt bekam. Sein Cousin Werner lernte Klavier und Leslie schlug irgendetwas dazu.

Bald gab man ihm eine Pauke und ein Becken, die er beide im Hof aufbaute. Dann wurde die „Köhlerliesel" auf dem Plattenspieler aufgelegt und Leslie trommelte mit. Die Nachbarin gegenüber beschwerte sich umgehend. Opa Josef Link nahm ihn später zu Festen mit, damit er etwas Anständiges zu hören bekam: richtige Blasmusik! Doch bevor er nun Drummer oder Trompeter wurde, begann Leslie lieber Zeitung auszutragen und konnte sich mit dem Geld eine Wandergitarrenklampfe kaufen.

„Ich hatte nur eine einzige Gitarrenstunde, denn der Lehrer kam gleich mit der superheißen Nummer ‚Kommt ein Vogel geflogen'. Statt so einen Krampf zu spielen, machte ich lieber gleich die Flatter. Aber ich kam auch so mit dem Spielen der Gitarre voran. Schließlich engagierte mich mein Onkel Martin Link. Er hatte die Wirtschaft *Das gemütliche Eck* in Zellhausen, wo wir immer üben konnten."

Der erste Auftritt als Kneipenduo war 1959 auf dem Feuerwehrfest in Zellhausen. Leslie bekam irgendwann eine Jazzgitarre, sein Cousin kam mit seinem Schlagzeug dazu. Das lief gut und das Trio spielte sogar in der Rüdesheimer Drosselgasse. Leslies Festzelt- und Kneipenmusiker-Karriere wurde aber 1960 durch das Jugendamt gestoppt, da er erst 13 war, und Onkel Martin musste 500 Mark Bußgeld wegen Beschäftigung Minderjähriger bezahlen.

Leslie Links Geburtshaus, Maingasse 7 in Seligenstadt

DIE ANFÄNGE

Leslie & His Phantoms

So richtig los mit eigener Band ging es dann im März 1961 mit *Leslie & His Phantoms*, auch wenn diese nur bis Dezember 1961 aktiv war. Sie kopierten die Rock 'n' Roll-Show der *Johnny Boys* aus Seligenstadt und spielten Titel von *Little Richard*, den *Ventures*, den *Shadows* oder *Freddy Cannon*. Es gab gewaltige Altersunterschiede in der Gruppe. Leslie war erst 14, Gitarrist Karl-Heinz „Charly" Koch 18, der Bassist Werner Brauneis 22, Sänger Schotti und der Drummer Johnny Schulz schon 24. Letzterer arbeitete auch als Kellner in der Hanauer *Jolly Bar*.

„Anfangs sang ich, aber das gefiel mir nicht. Ich brauchte für die *Phantoms* zudem eine neue Gitarre und einen Verstärker. So schleppte ich meine Mutter in Seligenstadt in den Laden von Bernhard Alt aus Alzenau und sie musste den Kaufvertrag einer Fender-Jazzmaster-Gitarre für 1.700 DM unterschreiben. Dazu kamen ein Fender Showman Amp für 2.850 DM und das Echogerät Echolette für 970 DM. Das war damals eine unglaubliche Summe, aber immerhin spielte ich bereits zwei Tage pro Woche live, also am Wochenende, und konnte mir schon einiges leisten. Mein erster Auftritt mit den *Phantoms* war 1961 in Blankenbach im Kahlgrund in einer Halle. Wir waren gestylt, kopierten die Tielmänner mit ihrer Show, in der sie die Gitarre auf dem Rücken spielen. Dort hatte man offenbar noch nie was vom Rock 'n' Roll gehört. Das Publikum ist ausgeflippt, und der Saal wurde kleingehauen. Bald hatte ich sogar Fans. Ein Typ fuhr mich manchmal mit seinem Moped zu den Musikbars, damit ich dort bei einigen Nummern mitspielen konnte. Das machte mich bekannt. Später sind wir in Großkrotzenburg oder in der Hanauer *Teddy Bar* aufgetreten. Das sprach sich herum und wir bekamen so Auftritte."

Dann kam aber eines Tages die Ordnungsbehörde in der *City Bar* vorbei. Da schleuste man mich schnell in den Keller, denn ich war minderjährig.

Von den Twens zu den Hit-Cats

Jörn Rauser, genannt „Der Lange", Rock 'n' Roll-Sänger der Hanauer Lokalhelden **The Twens**, fragte Leslie 1961, ob er Lust hätte, Profi zu werden. Der machte schon seit 1958 Profimusik. Leslie war 14 und so ganz für die Musik hatte er sich noch nicht entschieden. Zunächst fing er eine Plakat- und Schildermalerlehre an und wollte Grafiker werden. Also ging Leslie in die *City Bar*, schaute der Band zu und übte mit ihr. Dann kam es aber doch ab Anfang 1962 für einen Monat zu einem Engagement der Twens mit ihm in der Kitzinger *Hillbilly Bar*. Darauf ging es weiter nach Landstuhl. Dort kam das Jugendamt vorbei und Leslie musste wegen des Jugendschutzes aufhören.

> „Jörn Rauser hatte zwar noch die geniale Idee, eine Vormundschaft für mich zu beantragen. Er war aber gerade mal 21 und da lachten die sich im Amt tot drüber. Außerdem gab es für mich schon einen amtlichen Vormund, da ich unehelich war. Für mich war Rauser eine Art Vaterfigur und vor allem ein guter Performer. Obwohl ich jünger als er war, hat er mich respektiert, denn er erkannte, dass ich Vollblutmusiker bin. Ich sage immer: Es gibt Musiker und es gibt Musikanten, also Topspieler und Amateure. Topspieler spielen mit dem Herz und verstehen ihr Handwerk."

The Twens, Leslie in der Mitte

Hans Bohländer, der Drummer der **Hit-Cats**, hatte inzwischen von Leslies Schicksal gehört und vermittelte ihn Mitte 1962 zu seiner Band. Diese war überregional tätig und spielte damals schon Hits der Beatles. Ihr Gitarrist *Wemo Peininger* brachte Leslie viel bei. Leslie übernahm da zum ersten Mal Rhythmusgitarre. Saxofonist *Friedel Berg* gehörte ebenfalls zu dieser Band.

> „Ich verdiente wahnsinnig gut bei denen. Damals trugen solche Gruppen Smokingjacken. Ich hatte meinen eigenen Schneider, zog Brokatjacke und Stresemannhose an. Wir traten alle auf mit grünen Anzügen und einer Katze drauf. Ich stand damals auf schwarze Musik, *Stevie Wonder* und *Ray Charles*. Der Drummer und der Gitarrist gingen dann aber Ende 1963 zu den *Gisha Brothers* und so löste sich die Band auf."

Inzwischen war Leslie 16 und ging zurück zu den *Twens*. Diese spielten bei den Amis im *Rainbow Club* oder im *Pioneer Club* in Hanau und so konnte Leslie seine Schulden abzahlen. Bei den *Twens* blieb er bis Oktober 1965. Sie spielten zwei Drittel Rock 'n' Roll und ein Drittel Beatmusik. Rauser mochte allerdings Satzgesänge wie die der *Beatles* nicht. Aber es kamen immer mehr englische Bands in die Clubs. Die deutschen Gruppen mussten sich der British Invasion anpassen.

> „Die *Beatles* gefielen mir aber. Ich habe meinen Geschmack nie festgelegt. Ich stand auch auf Bluegrass und mit Jazz konnte ich ebenfalls etwas anfangen. Nur deutschsprachigen Rock 'n' Roll à la *Ted Herold* mochte ich nicht."

Auch wenn es 1965 noch keine langen Haare bei den Bands gab und sie in Showanzügen auftraten, wurde mit den *Beatles* die typische Rock 'n' Roll-Show abgeschafft. Die ersten englischen Gruppen zogen sich lockerer an. Leslie lernte in dieser Zeit die österreichischen Fellows in der *City Bar* kennen, die die Beatles gut nachmachten. Bei denen spielte er manchmal nach den Auftritten im *Rainbow Club* mit und lernte so das Beatles-Repertoire kennen. Irgendwann kam der Bandleader und überzeugte ihn, bei ihnen mitzumachen. Das hielt aber nicht lange.

Eines Tages probte Leslie mit den *Fellows* in der *City Bar*. Da kam der Bassist der *Twens* rein, der *Honda-Adam*, und fragte Leslie, ob er jetzt etwa bei denen spielen würde. Leslie bejahte, woraufhin *Honda-Adam* meinte: „Das kannst du vergessen, der Jörn bürgt ja noch für deine Gretsch-Gitarre." Und jetzt wollte er sie mitnehmen. Da wurde Leslie zwar sauer, ist dann aber zwangsläufig zu den *Twens* zurück. Diese existierten später auch als *Jörn & The Twens* von 1959 bis 1966. Leslie blieb bei ihnen, bis er 18 war.

Eine spätere Reunion von Jörn & The Twens mit Leslie Link (l) und Jörn Rauser (r)

Heiko Henss & his Comets

Von Oktober 1965 bis April 1966 ging Leslie dann zu *Heiko Henss & his Comets*. Henss war der Sänger und Bassist seiner Band. Diese Truppe agierte bundesweit mit ordentlich bezahlten Engagements. Ihre Musik war ähnlich wie bei *Fats & His Cats*, hitparadenorientiert oder was der Band gefiel. Da gab es Nummern von *Fats Domino, Sam Cooke, Ray Charles*, höchstens mal ein Stück von den *Kinks*. Die Band trat in Hotels auf, wo auch Musiker wie das *Hazy Osterwald Sextett* spielten, also etwas gediegenere Locations. Coverbands, die sich nur auf das Repertoire einer Gruppe stürzen, gab es damals nicht. Über den Pianisten lernte Leslie Noten und Harmonielehre.

> „Vom Blatt abspielen war nichts für mich, das hat das Feeling getötet. Es gibt Sachen, die kann man nicht lernen wie Timing, Feeling, perfektes Gehör. Ich spiele deshalb bei jeder Gruppe, die mir gefällt, sofort mit. Endlos üben, bis eine Nummer sitzt, ist nicht mein Ding."

Von den Beggars heim zu Mutti

Heiko Henns und seine Band waren für Leslie irgendwann zu routiniert. Jeden Abend fünf Stunden und immer das Gleiche spielen, da gab es zu wenig Ekstase, und er brauchte neue Impulse. Leslie stieg dann von April 1966 bis Dezember 1966 bei **The Beggars** ein. Die spielten die *Animals, Otis Redding,* Soul, aber keinen Rock 'n' Roll mehr. In der Zeit kam Leslie in Berührung mit den Wachmacherpillen Captagon und Preludin. Captagon kurbelt die Leistungs- und Konzentrationsfähigkeit an und unterdrückt Müdigkeit und Schmerzen. Preludin ist ein Appetitzügler und wirkt euphorisierend. Da kommt man nicht mehr zum Schlafen. Es pusht wie 30 Tassen Kaffee, man muss immer weiterspielen. Diese Drogen gab es frei in der Apotheke. In Musikerkreisen hieß es: „Fühlst du dich mal schlecht und schlappi, rasche Hilfe bringt dir Cappi!" Doch das hatte bald seine Folgen.

> „Der Gitarrist der *Beggars* bekam einen Verfolgungswahn. Auch der Drummer flippte aus, wurde während der Konzerte immer aggressiver. Das wurde zum Problem, als wir einmal im Mannheimer *Sputnik-Club* auftraten. Da maßen Ordnungshüter draußen die Phonzahl. Die Schlagzeuger sollten deshalb nur noch mit Besen spielen. Aber die Pillen machten unseren Drummer aggressiv. Wie wild brach er mit seinem Getrommel alle Lautstärkerekorde. Später kam er sogar in die Klapse. Auch mit mir ging es bergab. Ich aß kaum etwas und wog am Ende nur noch 55 Kilo. Im Dezember 1966 hatte ich einen Zusammenbruch, war drei Monate völlig kraftlos und bin zurück zu meiner Mutter, die mich wieder aufpäppelte."

In dieser Zeit mit den *Beggars* bekam Leslie ein Angebot, für *Achim Reichel* bei den *Rattles* einzusteigen, weil der zum Bund musste. Er fand aber, dass die Band vom Repertoire her nicht sein Ding war, auch wenn er so vielleicht die *Beatles* persönlich kennengelernt hätte.

Macht die Windmühle à la Pete Townsend: Leslie in Action.

EINFLÜSSE

„1965 war ich in Bonn in einem Plattenladen und hörte auf einmal einen Gitarristen, der Oktaven spielte. Das war neu für mich. Es handelte sich um **Wes Montgomery**. Ich wusste nicht, dass er diesen smoothen Sound mit dem Daumen produzierte. Irgendwann in München hat mich dann der Jazzgitarrist *Atilla Zoller* darüber aufgeklärt. Bis ich das drauf hatte, bin ich fast verrückt geworden. So zu spielen ist schwierig. Ein falscher Ton und du bist draußen."

Allgemein stand Leslie sowieso auf schwarze Musik. Blues, aber nicht aus drei Harmonien, eher die Richtung wie **Ramsey Lewis'** gospelbeeinflusster Souljazz auf „Wade in the Water". Viel Einfluss hatte auf ihn auch der Jazzorganist **Jimmy Smith** mit seinen Phrasierungen. Vor allem aber hat für Leslie **Ray Charles** nach seinem Zusammenbruch wieder das Feeling zurückgebracht. Daraus ergab sich für sein Spiel eine Mischung aus Bluesrock, Souljazz, Bluegrass, aber kein Heavy Metal. Zu sehr in eine Richtung zu gehen, langweilt ihn. Stark beeinflussten ihn auch die **Tielman Brothers**. *Andy Tielman* (s. Foto) spielte die Jazzmaster Gitarre in Vintage-Weiß, spannte noch drei Saiten als Oktave dazu. Einer hielt die Gitarre, der andere bohrte, dann wurde zur E-, A- und D-Saite eine dünne Oktavsaite dazu gespannt. Damals hat man dicke Saiten verwendet. Die Stimmung der Gitarre von *Andy* ging mindestens einen Ganzton von E auf D oder Cis runter. Das hat dem

Sound mehr Wucht gegeben. Vom Kammerton A ausgehend, wäre es G gewesen. *Reggie Tielman* hat eine Oktave tiefer mit dem Sechs-Saiten-Bass gespielt, dazu der normale Basston. Er stoppte zudem beim Spiel ab. *Loulou Tielman* am Schlagzeug hat die Achtel und die Viertel an der Snaredrum passend dazu gespielt. Die Show hatte sich *Andy* etwas von *Elvis* abgeschaut, und im Blues gab es bereits andere, die die Gitarre so hinterm Rücken spielten. Aber diese Technik machte die „Tielmänner" bekannt.

> „Sie gehörten zum handwerklich Besten, was es je gab. Anfangs habe ich die kopiert, doch dann kamen die *Beatles* und ich verlor das Interesse. Als die Tielmänner auch auf Beatmusik machten, klang das fürchterlich. Einmal traf ich die Band in Mannheim wieder, da zeigte mir Andy seinen Rolls Royce und fuhr eine Ehrenrunde mit mir. Auch die anderen hatten sich einen Mercedes Pullmann leisten können. Später kamen immer wieder einige von denen in meinem Laden vorbei."

Große Hitparadenerfolge hatten die *Tielman Brothers* nicht, da sie nichts selbst komponierten und was sie aufnehmen durften, waren süßliche schlagerähnliche Titel. Da kam nichts von ihren Auftritten her rüber. Sie lebten davon, dass sie live den Rock 'n' Roll präsentierten, der Anfang der Sechziger für die Charts schon vorbei war. Aber irgendwann kam auch das aus der Mode. Später waren sie dann eine reine Showband.

Etwa 1963 entdeckte Leslie im Hanauer *Bernhardseck* und der *City Bar* einen neuen Sound bei der *Pete Chester Combo*. Chester ist ein englischer Schlagzeuger und Songwriter und der Song „Saturday Dance", den er mit *Hank Marvin* geschrieben hat, war die erste Single der *Shadows*. In der Band saß übrigens *Chris Andrews* am Klavier, der später für seinen Megaseller „Yesterday Man" bekannt wurde. Aber bei *Pete Chester* spielte **Johnny Kelly**, der mit seiner Gretsch-Gitarre Leslies nächstes Vorbild wurde. Er ging nach den Auftritten immer zu ihm hin. *Kelly* spielte wunderbare Bendings und Vibrato. Er kam gefühlvoll rüber, etwas in Richtung *Eric Clapton*. Leslie besorgte sich bald darauf eine 64er Gretsch-Gitarre, einen Vox-Verstärker und fand so seinen eigenen Sound.

„Nicht unerwähnt bleiben soll auch **Pete Lancaster**. Der hatte dieses dirty singing drauf wie *Ray Charles*. Er war Sinto, spielte Hammondorgel und Schlagzeug, komponierte Welthits wie ‚California Dreaming' oder ‚Midnight Hour'. Leider ließ er sich die Rechte zu früh abkaufen und schaute in die berühmte Röhre, als andere mit seinen Kompositionen Millionen scheffelten."

Pete Lancaster

Von 1965 bis 1980 spielte Lancaster in verschiedenen Formationen und verdiente sein Geld in den US-Clubs deutscher Garnisonstädten. Als Schauspieler wirkte er später noch im Film „Der Name der Rose" an der Seite von Sean Connery mit. Die Gitarrenbands der Sechziger wie die *Ventures*, die *Shadows* oder die *Sputniks* haben Leslie damals ebenfalls beeinflusst. Aber am meisten beeindruckte ihn **Jimi Hendrix**.

> „*Jimi Hendrix* verleitete mich, immer wieder Neues auszuprobieren. Einmal schaltete ich mein Wah-Wah-Pedal aus Versehen verkehrt und schon hatte ich einen Ringmodulator. Das lief über ein Delay (Bandecho), und wenn ich das Pedal bewegt habe, konnte ich Vogelstimmen erzeugen. Dann hatte ich die Idee, übers Delay zu spielen, das Echo total anzuschwellen, den Motor abzuschalten und alles abstürzen zu lassen. Der Klang geht dann von ganz hohen Frequenzen runter und klingt, als ob er die Boxen zerhackt. Eine andere Idee war die Panoramawanderung des Sounds von links nach rechts über eine Verstärkerwand. Auch mit Feedback habe ich viel gearbeitet."

DIE CLUBSZENE IN HANAU

Mein lieber Jolly

Die heißeste Bar in Hanau war die **Jolly Bar** in der Leipziger Straße. Mein lieber Jolly! Da passten bis zu 150 Leute hinein, dicke Luft, das Wasser tropfte von der Decke. Die Bands spielten von 20 Uhr bis 3 Uhr morgens, immer 40 Minuten lang mit 15 Minuten Pause. Die meisten haben sich dabei aber nicht wiederholt. Die *Jolly Bar* war besonders durch das dschungelartige Wandbild geprägt, das Hanaus Topgrafiker *Helmut Wenske* gestaltet hatte. Davor standen immer tolle Wagen. Kein Wunder, die Tielmänner bekamen bis zu 30.000 DM für ihre Auftritte und irgendwann fuhren die mit einigen 300er Mercedes vor. Der Eintritt war frei, ein Bier kostete damals 1,50 DM (heute etwa 3,50 EUR), ein „Herrengedeck", also ein Bier und ein Schnaps 5 DM (heute etwa 16,50 EUR). Es war immer dicke Luft in der Bar, denn man durfte damals noch rauchen.

„Einmal haben wir in der *Jolly Bar* ‚Nighttrain' gespielt. Da tauchte Helmut, ein Typ aus Karben, auf und Christine, die Stripteasetänzerin aus dem *Yachtclub* hat ihn bis auf die Socken und die Unterhose ausgezogen. Helmut musste eine Stunde so in der Bar herumturnen und alle waren köstlich amüsiert. Schlägereien gab es auch ab und zu. Manche haben das gebraucht und es wurde schon mal ein Stuhlbein dabei abgerissen. Einer schoss einmal vor der Bar in die Luft, dann war Ruhe. Um 1 Uhr hatten die anderen Bars zugemacht, da kamen viele von dort in die *Jolly Bar*. Dazu trafen aus den Stripteasebars wie dem VAT 69 und dem *Yachtclub* die Mädels ein."

Es gibt viele Legenden und filmische Darstellungen um Stripteasebars jener Zeit. In Hanau haben sich die Damen damals nur bis zur Gürtellinie ausgezogen. Der Slip blieb an. Aber in den Séparées hinter zugezogenem Vorhang ging es schon zur Sache.

„Wenn der Gast dort den Blazer ausgezogen hatte, dann wurde auch ‚geblasen'. Es heißt ja über uns Musiker immer ‚Sex and Drugs and Rock 'n' Roll'. Was den Sex betraf, hat zumindest meine Entjungferung auch mit Musik zu tun. Eines Tages spielte ich mit *Leslie & His Phantoms* in Hüttengesäß in der *Krone*. Nach dem Auftritt kam Sänger Johnny zu mir und sagte plötzlich: ‚Du, heute stoßen wir mal und du musst mitmachen!' Ich wusste zunächst nicht, was mich erwartete, aber wir fuhren in seine Wohnung in der Nähe der *Jolly Bar* nach Hanau. Dort kam plötzlich eine Dickbusige namens Helga herein, die er aufgegabelt hatte. Johnny rief: ‚Leslie, zieh dich aus!' Brav, wie ich war, öffnete ich erstmal nur meine Samtschleife am Hals. ‚Du Idiot! Du sollst disch doch nackisch ausziehe,' rief er. Ich war so verdutzt, dass ich ihm gehorchte. Und dann hatte ich zehn Sekunden Zeit, um meinen ersten Hupfer zu machen. Die anderen haben sich totgelacht. Und sie wollten natürlich auch mal über die Helga drüber. Deshalb musste ich schnell noch in die *Jolly Bar* rennen, um ihnen Pariser zu holen."

Den Tänzerinnen aus den Stripteasebars sah man durchaus an, wo sie herkamen. Sie hatten oft die tollsten Bienenkorbfrisuren und waren stärker geschminkt als die meisten Frauen. Manchmal gab es, wenn Pay Day war, ihretwegen wüste Schlägereien. Die jungen Amis waren schnell betrunken, da wurde sogar geballert.

> „Unter denen gab es Spezialisten wie den Tex, der hat Panzer verschoben. In der *Jolly Bar* trafen sich Zuchthäusler, Nutten, Amis, viele von außerhalb. Einmal hat der Holly Schüssler von der Schüssler-Bande einen jungen US-Soldaten genommen, in die Luft geworfen und aufklatschen lassen. Die Kumpels dieses Amis haben das mitbekommen und begannen dann die Deutschen mit dem Auto zu jagen. Ich saß zum Zuschauen bei der Musik dort oft neben dem Schlagzeuger. Als die Sittenpolizei kam, da bin ich, da ich noch minderjährig war, einfach über die Theke in die Küche gehüpft."

Zwischen 1955 und 1965 war Hanau so etwas wie ein „hessisches St. Pauli", wo internationale Rockmusiker auftraten. 30.000 amerikanische Soldaten waren nach dem Zweiten Weltkrieg in und um Hanau stationiert. Die Amerikaner brachten ihre Kultur mit sowie eine Menge harter Dollars unter die Leute und wollten sich amüsieren. Daher hatte die Stadt eine unglaubliche Zahl an Musikbars. Die **City Bar** in der Krämerstraße war in der Nähe des Kinos Capitol. Hier verkehrten die ordentlichen

Jugendlichen, propere Kerle im Blazer, Typen wie aus der Lord-Extra-Werbung (Damals eine Zigarettenmarke für „moderne“ Menschen). Die Mädchen hatten helmartige Frisuren und Sackkleider. Besäufnisse gab es hier keine, man forderte die Dame in der Regel zum Tanzen auf. Alles war dort etwas edler, obwohl in der Bar auch mal jemand im Streit erschossen wurde.

> „Man ging durch einen schweren Vorhang hinein. Die Bar war in einem Wohngebäude. Die Polizei maß deshalb die Lautstärke mit einem Phonmesser, der Drummer musste mit Besen spielen. Letztlich wurden deswegen sogar die Fenster zugemauert. Die Polizei kontrollierte oft, um möglichst viele Verstöße feststellen zu können. So wollte man der Clubszene damals den Garaus machen. Hier habe ich mich einmal bei einer Polizeikontrolle im Verstärker versteckt.“

Auffällig ist dabei aber, dass man damit auch gegen zumeist jüdische Clubbesitzer vorging, die sich nach dem Krieg eine Existenz aufgebaut hatten und irgendwann auch wegen solcher Schikanen vor dem Aus standen. Aaron Braun von der Eden Bar und Alexander Hofmann von der *City Bar* sind hier zu nennen.

In die **Post Bar** am Kanaltorplatz gingen eher Amerikaner. Es gab noch etliche Bars in Hanau wie die **Moonlite Bar** (auch Krämerstraße) mit englischen Bands. Sie war eine Bar für etwa 40 Besucher. Man hatte Einzeltische und eine kleine Tanzfläche, dahinter die Bühne mit Vorhang an der Wand.

> „Am Payday wurde sie von vielen Amerikanern besucht. Übrigens hat man auch die Amis leicht in Zivil erkannt. Sie waren irgendwie lässiger, ließen ihre Hemden über die Hose hängen.“

Klein, aber fein: Die Moonlite Bar

Soul wurde in der **Atlantic Bar** am Nordbahnhof gespielt, entsprechend gab es da viele Farbige. Diese kamen damals manchmal total herausgeputzt hin, mit Gehstock und Strohhut. Das Lokal war vielleicht sogar die erste Soul-Bar Deutschlands.

In der **Eden Bar** in der Lamboystraße spielten z. B. *Adam & Eve,* die einen auf die deutschen *Sonny & Cher* machten. Sie waren die Inkarnation von psychedelischem Flower-Power-Outfit und -Gesülze. Die *Eden Bar* war größer, fasste bis zu 150 Besuchern. Links befand sich eine große Theke. Hier mischten sich Deutsche und Amerikaner im etwa gleichen Verhältnis.

„In der **Teddy Bar,** auch Lamboystraße, habe ich mit *Leslie & his Phantoms* die Gitarre hinterm Rücken gespielt. Das ging dann wie ein Lauffeuer herum."

Später organisierte in der **Polizeisporthalle** am Freiheitsplatz oder der *Stadthalle* die Jugendabteilung des *Sportvereins Blau/Gelb* Konzerte und Beatmusik-Wettbewerbe. Das Publikum waren normale Hanauer Jugendliche, die nie in die Ami Clubs kamen. In dieser Zeit sprach man noch von „Beat-Kapellen" statt Rockbands. Es tanzten miniberockte Go-Go-Girls wie die *Tiger-Dolls* auf der Bühne, die in der Presse als „steile Zähne" beschrieben wurden, und zu sogenannten „Super-Schlumpf-Meetings" brachten Jugendliche Decken zum Sitzen auf dem Hallenboden mit.

In der **Hanauer Stadthalle** wiederum fanden Konzerte z. B. nur bei Faschingsbällen statt. Leslies spätere Band *Orange Peel* spielte dort manchmal als Rockabteilung im oberen Raum. Ansonsten traten da vereinzelt Bands wie die *Petards* auf, aber keine bekannteren Acts.

Nicht zu vergessen sind die Clubs der US-Armee. Im **Skyline Club** in der Chemnitzer Straße waren z. B. die *Everly Brothers*, *Bill Haley & his Comets* und viele andere bekannte Namen auf der Bühne, aber auch gute Bluegrass Bands mit Banjo, Steelguitar und Fiddle. Leslie spielte oft mit den Twens im **Pioneer Club** in Hanau-Wolfgang (s. Foto) oder im **Rainbow Club**, der auch in der Chemnitzer war. In den *Rainbow Club* passten bis zu 200 Leute. Dieser Club wie der *Skyline* sahen Turnhallen ähnlich.

Tigermädchen mit Mähnen-Sex

Haben einen Bombenerfolg bei den Hanauer Beatfans

Hanau (efl). — Mit Super-Minis, geballtem Sex und wilden Mähnen begeisterten die „Tigerpuppen“ oder, um im Show-Jargon zu bleiben, die „Tiger-Dolls“ die Beatfans aus dem Hanauer Gebiet. In hellen Scharen waren sie zu einer Veranstaltung des SV Blau-Gelb in die Stadthalle gekommen, um die „steilen Zähne“ des Beat-Show-Bussines gebührend zu feiern.

Es war ein Experiment der Veranstalter, das ein voller Erfolg wurde. Veranstalter Kurt Kraft, seit jüngstem Stadtverordneter in Hanau, meinte dazu: „Warum soll man den jungen Leuten in Hanau nicht auch das bieten, was andernorts zu sehen ist. Die Sexigirls werden heutzutage überall, sogar im Fernsehen gezeigt, warum also nicht auch auf der Bühne in der Stadthalle?“ Er behielt recht, das beweist der Erfolg, den die „Tiger-Dolls“ hatten. Es ist eine Beat-Gruppe, die aus fünf jungen Burschen und vier hübschen Mädchen besteht. Alle machen heiße Musik, aber die Mädchen arbeiten außerdem noch miniberockt als Gogo-Girls. 45 Minuten dauerte die Schau. Viermal kamen die Mädchen in den neuesten Kostümen aus den Boutiquen der Londoner Carneby Street. Nach hämmernden Rhythmen und weichem Soul tanzten sie skurrilen Beat.

Die „Tiger-Dolls“ — nicht gerade billig im Einkauf — waren entschieden der Höhepunkt der Veranstaltung. Es gab aber auch viel berechtigten Applaus für die anderen Beat-Kapellen, die „Relation of Musik“, die „Grooves“ und die „Enquires“, die schon öfters in Hanau zu hören waren.

Heißen Beat tanzten miniberockt die „Tiger-Dolls“ in der Stadthalle. 4.12.69

Zeitgeist pur: Das brachte damals die Jungs in Wallung. (HANZ)

DIE CLUBS DER FRANKFURTER SZENE

In der Frankfurter Szene gab es auch zwei Ami-Clubs, den *Tubber Club* in der Mainzer Landstraße und den *Club Tabu* in der Münchner Straße. Das *Maxim* befand sich in der Taunusstraße (neben Musik Hummel) und war für viele die Hochburg der Rock'n'Roll Tänzer. Ein Highlight war jeden Mittwoch das Preistanzen. Dazu spielte oft die Hanauer Gruppe *Gisha Brothers*. Star aller Tänzer war der *Gummi-Karl*. Er machte Überschläge und Spagat wie ein Artist, obwohl er nur Amateurtänzer war. Im *Arcadia* in der Nähe der Konstabler-Wache spielten die englischen Gruppen bzw. große Acts aus dem Hamburger Star-Club wie *Tony Sheridan, King Size Taylor, Ian and The Zodiacs, The Searchers* oder *The Liverbirds*. Letztere war die erste erfolgreiche Frauenband. Oder sagte man damals noch „Damenkapelle"? In den fünfziger und sechziger Jahren existierte das *Storyville* in der Brönnerstraße, eines der berühmtesten Jazzlokale Deutschlands. Hier traten *Nina Simone, Etta James, Eartha Kidd, Chet Baker, Louis Amstrong* oder die *Platters* auf. Später entstanden daraus der Sinkkasten bzw. das Zoom.

Die zwei wichtigsten Läden auf der Kaiserstraße aber waren das **Weindorf** und das *K 52*. Das *Weindorf* hatte geöffnet bis 4 Uhr. Dort spielten zwei Bands abwechselnd eine Stunde. So um 1966 wurden solche Öffnungszeiten noch getoppt durch sogenannte Dauer-Beat-Wettbewerbe. Durchgehalten haben die Musiker diese Contests nur mit viel Captagon, bis sie umgekippt sind. Das *Weindorf,* im Jahr 1965 eröffnet, lag fast Tür an Tür mit dem *K 52* auf der Kaiserstraße. Letzteres wurde nach dem Standort Kaiserstraße 52 benannt und war ein wilder Laden, so etwas wie der *Star Club* in Hamburg. *Arthur Conley, Sam & Dave, The Yardbirds, Casey Jones, Chris Andrews, Geronimo, The Lords* u. a. gastierten hier. Er wirkte wie ein Theater, immer spielten zwei Bands abwechselnd 45 Minuten bis 5 Uhr morgens. Laut der Seite www.shakin-all-over.de mussten die Gruppen „... nach der Stechuhr hämmern, eine Minute zu wenig, und schon gab es Gagenabzug. Im Publikum gab es oft Prügeleien, und nach ein Uhr versammelten sich die Nutten und Zuhälter aus der ganzen Region. Die *Rollicks* aus Berlin versuchten sich hier an einem Dauerbeat-Weltrekord, mit den Füßen standen sie dabei in Wasserschüsseln. Völlig idiotisch bei der damaligen elektrischen Abschirmung der Instrumente und Mikrophone!"

Deutsche Bands hatten – außer den *Rattles* und den *Lords* – nicht die Schallplattenerfolge wie die Engländer. Manche nahmen deutschsprachige Titel auf.

> „Ich konnte das nicht ab. Als *Heiko Henss* mal ‚Balla Balla', diesen Kopfwackel-Spaßhit von den Rainbows, spielen wollte, habe ich mich bei der Nummer ausgeklinkt. Fürchterlich! Auch die legendären *Monks,* die mit ihren Tonsuren und Mönchskitteln auf Anti-Beatles machten, und später als die Urväter des Punks abgefeiert wurden, fand ich grauenhaft, obwohl es nette Kerle waren. 1965 bin ich zu

den Auftritten in Frankfurt immer mit dem Zug von und nach Seligenstadt gefahren. In die dortigen Clubs kam öfter der Boxer *Oswald ‚Ossi' Büttner*. Das war ein ehemaliger Metzger, Berufsboxer und Barbesitzer. Er war mit zahllosen Vorstrafen wegen gefährlicher Körperverletzung und Zuhälterei belegt, und stand meist unter Alkohol. Dann legte er einen Hunderter aufs Becken und wünschte sich Songs, die du zu spielen hattest. Eines Tages sagte Walter, der Drummer von *Fats & His Cats*, zum *Ossi Büttner* und zeigte auf mich: ‚Du, fahr doch emal den Bub da heim!' Da ist der mit dem 58er Cadillac Cabrio in Pink in der Seligenstädter Altstadt diese schmalen Gässchen in die Kleine Maingasse hineingefahren. Meine Mutter sah aus dem Fenster und verstand die Welt nicht mehr."

Leslie hatte immer, wenn er im *K 52* spielte, Schutz vor den üblen Kerlen gehabt. Wollte ihm einer zu nahekommen, haben den dann zwei Zuhäl-

Ein sogenannter „heißer Schuppen": Das K 52 in Frankfurt.

Eingang des K 52-Clubs

ter die Kaiserstraße hinuntergejagt. Sein schrägster Auftritt in der Frankfurter Szene fand 1972 im *Imperial* in der Moselstraße statt. Er spielte hier mit einem Trio für eine Zuhälterparty.

> „Mein Gott! Da waren die richtigen Paten da. Irgendeiner von denen hat sich danach mit seinem Lamborghini den Kopf abgefahren. So kam er wenigstens einmal in die BILD-Zeitung. Die Loddel waren gut drauf, erzählten sich die neuesten Stories. Verdient haben wir dabei ganz gut. Es ging bis 5 Uhr morgens. Nachdem sie genug gebechert hatten, bekam ein Loddel Stress mit seiner Nutte und verdrosch sie vor versammelter Mannschaft. Ein anderer stellte sich schützend vor sie. Sofort gab es die übliche Schlägerei inklusive Schüsse in die Decke. Ich dachte, jetzt geht's rund, packte meine Sachen und verdünnisierte mich. Das war wie im Gangster-Film."

THE INSPIRATION'S SIX

Vom Rock 'n' Roll zum Soul zum Rock

Eine der angesagtesten Bands im Rhein-Main-Gebiet: The Inspiration's Six

Vom Leben als Profimusiker mit allabendlichen Auftritten bis zum Umfallen hatte Leslie nach den *Beggars* die Schnauze voll. Auf die Beat-Zeit folgte für ihn ab April 1967 der Soul mit **The Inspiration's Six** (mit Apostroph!). Dabei handelte es sich um eine Schülerband, Leslie war der einzige Profi. Die Band entstand aus den *Ritzies* und die schaffte es sogar zu einem Auftritt im legendären Hamburger *Star Club. Heini Mohn* spielte bei den *Ritzies* Bass, musste aber irgendwann zur Bundeswehr. Dann gab es noch *Peter Bischof* als Sänger und *Achim Farr* am Tenorsaxophon. Mit Leslie an der E-Gitarre, *Ralph Wiltheiß* (ts, kb), *Wolfgang Demel* (dr), *Wolfram Gahmick* (bg) wurde dann *The Inspiration's Six* gegründet. Später kamen dann *Curt Cress* (dr) für *Wolfgang Demel* und *Marian Bednar* am Bass für *Wolfram Gahmick* dazu. Leslie hatte beide angeworben. *Curt Cress* ist Leslie heute noch dankbar, sein Vertrauen in den damals noch Minderjährigen gesetzt zu haben. Es war der eigentliche Startpunkt seiner großen Karriere. *Bednar* spielte vorher in einer tschechischen Band, die sich nach dem Prager Frühling nach Deutschland absetzte. Er tat Leslie leid, weil *Bednar* nur noch zwei Saiten am Bass hatte. Mit ihm teilte er sich seine Gage, da der im Unterschied zu den anderen von der Musik lebte.

Ab 1965 war Soul von *Sam Cooke, Otis Redding, Ray Charles* angesagt, und so schaffte es *Inspiration's Six,* oft im Frankfurter *Storyville* zu spielen. Leslies Einsätze hielten sich in Grenzen, aber die Band war eine der ersten deutschen Soulbands überhaupt. Im Hanauer *Pioneer Club* spielte sie einen Monat vor begeisterten Amis. *Bednar* reichte irgendwann das Geld nicht für seinen Lebensunterhalt und er verließ die Band für ein Engagement in Spanien. Das führte im Februar 1968 zur Auflösung der Gruppe. In den Neunzigern spielte übrigens eine Reunion der Band mit *Uwe Ochsenknecht,* den *Curt Cress* vermittelt hatte, als Gaststar in Langenselbold. Für Leslie war es nach der Auflösung genug mit der Soul-Musik, er interessierte sich inzwischen stärker für *Jimi Hendrix* und damit beginnt das Kapitel *Orange Peel.*

ORANGE PEEL

Das Besondere an **Orange Peel** war, dass Leslie seine Faszination für Rockmusik à la *Hendrix* und *Cream* plötzlich ausleben konnte. Und zum ersten Mal hatte er eine Band, in der man eigene Kompositionen spielte. Daher war es für ihn ab April 1968 ein Neuanfang. Die Musiker kannten sich von *The Inspiration's Six* her. Gerade mit *Peter Bischof* verstand sich Leslie musikalisch perfekt. Die Gruppe hatte das Potential, noch mehr aus sich zu machen, sogar eine internationale Karriere. Sie spielte in so großen Auftrittsorten wie nie zuvor, z. B. im *Zirkus Krone* in München.

Seine Bandkollegen beschreibt Leslie wie folgt.

„**Peter Bischof** ist jemand, der die Blue Notes richtig gut singen kann, was heute nicht allzu oft mehr vorkommt. Nach *Orange Peel* ging er als Studiosänger nach München, schrieb Texte für *Milli Vanilli* und Welthits wie ‚Girl I'm Gonna Miss You', von denen er eine Weile leben konnte. Im Jahr 1975 spielte er mit dem Gitarristen von *Emergency, Frank Diez* das erfolglose Album ‚Daybreak' ein. *Bischofs* Vorbild war *Otis Redding*. Heute ist *Bischof* leider schwerkrank, was eine erneute Reunion von *Orange Peel* ausschließt."

„**Curt Cress** hat für mich das perfekte Timing und ist einer der besten Drummer der Welt. Kennengelernt habe ich ihn in der Hanauer *Milchbar,* da sprach er mich an. Er war damals 14 und begann seine Karriere 1965 bei der Hanauer Band *Last*. Nach *Orange Peel* ging er nach Hamburg zu *Frumpy*. Dann stieg er für *Udo Lindenberg* als Drummer bei *Klaus Doldinger* ein, und da ging seine Karriere richtig los. Er spielte für *Ike & Tina Turner* und solchen Kalibern. Und er hat dadurch gute Beziehungen aufgebaut. Außerdem hat er einige Schlagzeug-Anleitungen geschrieben und andere beeinflusst. Er wurde zum richtigen Durchstarter: Als Studiomusiker wirkte er bis heute bei etwa 12.000 veröffentlichten Aufnahmen mit, und war Bandmitglied etlicher Formationen wie *Klaus Doldingers Passport, Atlantis, Spliff, Snowball, Curt Cress Clan*. Bekannt wurde er auch als Produzent, Fernseh- und Filmmusikkomponist. Nicht zu vergessen, dass er fünfzehnmal Drummer des Jahres wurde. "

„**Heini Mohn** ist ein guter Bassist. Aber er liebt eine andere Ecke, die sehr anspruchsvoll ist, wie *Weather Report* und *Miles Davis*. Er tendiert zu vertrackten Rhythmen irgendwo zwischen Jazz und Rock. Insgesamt spielte er mir zu brav, aber wir sind auf jeden Fall Freunde. Vorher war er bei den *Ritzies* und *Inspirations's Six*. Heute ist er als Rechtsanwalt tätig."

„**Ralph Wiltheiß** ist ein hervorragender Organist, Saxophonist und Flötist, jedoch tendierte er damals zu ausufernden Soli. Er spielte sehr dominant und da war dann zu wenig Platz für meine Gitarre. *Wiltheiß* kam aus der Klassik, beherrschte auch die Querflöte. Ich kam menschlich mit ihm gut zurecht, aber er spielte mir zu artifiziell und zu wenig bluesig. Er und ich, das war, wie wenn *Keith Emerson* bei *John Mayall* mitgespielt hätte."

„**Michael Winzkowski** a.k.a. *Michael Wynn* war auf unserer Single der Sänger und kam von der Frankfurter Band *Epsilon*. Er hat eine Stimme in Richtung *Steve Winwood* und spielte zudem Gitarre. Für sein Engagement bei uns verließ er *Epsilon* für neun Monate, als *Peter Bischof* gerade auf Drogenentzug war. Dann kam *Bischof* zurück. Ich war mit *Bischof* gut eingespielt und *Winzkowski* sang nicht so variabel wie er. Die Trennung von ihm war schwierig für mich. Das hätte ich besser machen können und bedauere es heute. Sein Gitarrenspiel hatte für mich damals auch nicht so richtig gepasst. Man muss sehen, dass ich eine gewisse Verpflichtung gegenüber *Peter Bischof* hatte, mit dem ich lange befreundet war. Später gründete *Winzkowski* die *Michael Wynn Band*, und er ging irgendwann als Hubschrauberpilot nach Florida."

„**Beau Hardt** wurde unser Keyboarder ab 1994. Er ist ein Studiomusiker aus der Hamburger Szene. Curt hat ihn produziert, empfahl ihn, bei uns mitzumachen. Bei den Proben hinterließ er einen guten Eindruck. Er macht den Sound dichter, spielt zudem teamfähig und singt auch toll."

„Und nicht zu vergessen **Helmut Wenske**, der ewige Halbstarke der Republik war damals für die Schallplattenfirma *Bellaphon* Grafiker und hat das LP-Cover gestaltet. Der Hanauer ist einer der genialsten Covergestalter und Chronist der Rock 'n' Roll-Zeit in Hanau."

Den Namen *Orange Peel* bekam die Band durch eine sechzehnjährige Holanerin aus der Heraeus-Familie namens „Rotbäckchen" und ein Fan der Gruppe. Warum ausgerechnet *Orange Peel*, weiß selbst Leslie nicht mehr. Ihr erster Auftritt fand in der Hanauer *Stadthalle* im April 1969 statt. Der „Gummernjudd" (stadtbekannter Hanauer Obsthändler) lieferte dazu Orangen an und das „Rotbäckchen" warf sie ins Publikum. Eines Tages schrieb das *Volksbildungsheim* Frankfurt einen Wettbewerb aus, in dem es darum ging, einen Plattenvertrag zu bekommen. Leslie nahm eine Sitar mit Tonabnehmer mit, *Curt Cress* spielte Tablas. Beide saßen im Schneidersitz in Kaftans, machten ein indisches Intro zu „Dear

Mr. Fantasy" von *Traffic*, darauf ein fliegender Wechsel zu den Rockinstrumenten. Das beeindruckte die dort versammelten Leute von der Schallplattenfirma *Bellaphon*. Es war origineller, als das, was die anderen Bands zeigten, und so bekam *Orange Peel* den Vertrag.

Schnell erspielten sie sich einen guten Namen. Einen Höhepunkt bildete 1970 das *Rock-Circus-Festival*, das erste international besetzte Musikfestival in Deutschland, im Frankfurter Radstadion in Oberrad. 2002 wurde das Bauwerk abgebrochen, um zusätzliche Parkplätze für die *Commerzbank-Arena* zu schaffen. Damals waren *Bo Diddley, Chuck Berry, Black Sabbath, The Byrds, Deep Purple, Family* und eben *Orange Peel* dabei. Insofern waren sie eine gleichberechtigte Band gegenüber den bekannten Größen. Als Vorgruppe spielte *Orange Peel* im Verlauf der Bandgeschichte nur bei *Deep Purple* und *Ginger Bakers Air Force*.

> „Mir waren ehrlich gesagt Konzerte in kleinen Clubs lieber als dieser Stadionauftritt. Trotz der vielen Stars und guten Reaktionen hat mir das nicht so imponiert. Es ging auch so manches schief. *Chuck Berry* wollte plötzlich das Doppelte haben, *Peter Haucke* im Management ist mit der Kasse abgehauen, *Roger Chapman* war zugekifft, schwang sein Mikro wie ein Cowboy und fetzte damit zwei Lampen."

Als Leslie und Curt beim Tonstudio Bauer in Ludwigsburg als Studiomusiker arbeiteten, schlug ihnen der spätere *Bellaphon*-Produzent *Schepior* vor, eine Single zu machen. So kam es zu der Scheibe „I Got No Time" als A-Seite und „Searching For A Place To Hide" als B-Seite, für Leslie übrigens der bessere Titel. *Peter Bischof* fiel ausgerechnet da wegen Drogenproblemen aus und musste durch *Michael Winzkowski* (alias *Michael Wynn*) beim Gesang ersetzt werden. Der schrieb den Text und Leslie in drei Minuten die Melodie. Es wurde also nicht wie heute wochenlang an einer Aufnahme herumgefeilt.

> „Trotzdem hat mir die Aufnahme nicht gefallen. Sie ist mir zu wenig bluesrockig. Ich sagte den Toningenieuren noch, es sollte mehr in Richtung Hendrix gehen, aber so kam es nicht rüber. Die Single war jedoch in Frankreich (Nr. 1) und Belgien (Nr. 2) an der Spitze der

Orange Peel 1971 auf der Experiment 1-Bühne der ehemaligen Eden Bar

Charts. So richtig erklären kann ich mir das bis heute nicht. Der Erfolg aber brachte *Bellaphon* dazu, die LP ‚Orange Peel' zu machen. Hier war *Peter Bischof* wieder mit dabei. Dessen Stimme hatte sich nach seiner Kur verändert. Nur auf ‚Tobacco Road' zeigte er so richtig sein Können. Aber er gefiel mir vom Gesang immer noch besser als *Winzkowski*. Ich mochte auf der LP mein Gitarrenspiel nicht, gerade bei ‚Tobacco Road'. Auch war ich durch eine Handverletzung etwas gehandicapt. Und was dann später herauskam, entsprach nicht meinen Vorstellungen. Es wurde übrigens damals alles in einem einzigen Take ohne Overdubs aufgenommen. Heute unvorstellbar. Ich bin sowieso der Meinung, dass bei vielen Wiederholungen das Feeling verschwindet."

Als *Peter Bischof* wieder mitmachen konnte, stieß auch *Ralph Wiltheiß* von *The Inspiration's Six* an der Hammondorgel zur Band, die Leslie ihm gekauft hatte. Dadurch änderte sich die Musik von einer Art *Hendrix*-Blues-Orientierung in komplexere Richtungen wie *Frank Zappa* mit vertrackten Rhythmen usw. Man probte im *Frankfurter Hof* in Schlierbach, wohnte dort dafür einen Monat lang.

Zu den LP-Aufnahmen von Orange Peel

„Auch, wenn dies manchen überraschen wird: Meine Identifikation mit *Orange Peel* als Liveband war damals größer als mit dem Album. Letztlich könnte sich ein Fan dieser LP vielleicht mehr mit dem Album identifizieren als ich mich. Es ist ein Gemeinschaftsprodukt, meine Rolle war nicht so tragend, wie man glauben mag. Ich habe letztlich fast wie ein Studiomusiker mitgespielt. Aber eigentlich war das nicht meine Musik. Insofern war *Orange Peel* auch keinesfalls der musikalische Höhepunkt meiner Karriere. Nur anfangs, als die Orgel noch nicht dabei war und ich mich mehr einbringen konnte, ging das für mich tierisch ab. Insofern waren auch die späteren Auftritte bei den Reunion-Konzerten für mich wesentlich eher mein Ding, dann halt hauptsächlich mit Fremdkompositionen. Durch die Art der Musik auf dem Album hatte ich zeitweise sogar mein Feeling verloren, das man für ein gutes Spiel unbedingt braucht. Das hat mir viel ausgemacht. *Wiltheiß* hatte sich mit seinen Ideen durchgesetzt und die Mehrheit der Band stand dazu. Ich habe mich dann nur so gut wie möglich eingebracht. Den anschließenden Erfolg genoss ich insofern nur halbwegs, weil die Umsetzung meines Feelings in der Musik immer vorrangig für mich ist, und das ging hier nur bedingt bis gar nicht.“

Die LP „Orange Peel" – eine kritische Würdigung

1969 veröffentlichte *Orange Peel* über das Admiral Label die Single „I Got No Time"/„Searching For A Place To Hide" (mit Sänger *Michael Winzkowski*). Damit erzielte die Band einen großen Achtungserfolg, wurde Nummer Eins in den belgischen und französischen Charts. 1970 ging man daher in der neuen Besetzung mit *Peter Bischof* als Sänger mit dem legendären Produzenten *Dieter Dierks* in dessen Studio nach Köln-Stommeln und nahm das gleichnamige Debütalbum auf, das noch im selben Jahr über *Bellaphon Records* mit der Katalognummer BLPS 19036 in Deutschland veröffentlicht wurde. Die Stücke waren vorher noch nie vor Publikum getestet worden. 2003 veröffentlichte CMP das Album erstmals auf CD und das Longhairmusic Label 2011 auf Vinyl, als Bonus die beiden Songs der *Orange-Peel*-Single. Tantiemen erhielt dafür aber keiner der Musiker.

Zunächst sollte die Musik dieses Albums einmal eingeordnet werden. Um 1970 betrachteten sich Rock-Musiker zunehmend als mehr als nur Lieferanten von kurzlebigen Hit-Singles. Dies führte zu einer Verschiebung des künstlerischen und kommerziellen Fokus auf Alben. In diesem Sinne entwickelte sich Rockmusik auf Longplayern immer mehr zu einer eigenständigen Kunstform. Ausgedehnte Improvisationen (z. B. die Live-Aufnahmen von *The Cream*) und lange Instrumentalpassagen (z. B. Titel von *The Nice*) oder Experimente mit Studioeffekten (z. B. die Kanalwanderung bei *Led Zeppelins* „Whole Lotta Love") gerieten zunehmend in den Fokus. In diese Periode passt die Phase des Krautrocks, in der deutsche Rockgruppen solche Elemente übernahmen, wenn auch stilistisch völlig uneinheitlich. Der kommerzielle Erfolg von Alben wie „Rubber Soul" der *Beatles* und „Aftermath" der *Rolling Stones* in Großbritannien hatte bereits 1966 dazu geführt, dass Plattenfirmen ihre Strategie änderten und begannen, Rock-Acts stärker zu fördern als erwachsenenorientierte Unterhaltungskünstler. *Orange Peel* war insofern ein früher Vertreter dieser Entwicklung in Deutschland und man merkt dem Album auch das Suchen an, sich ihr anzuschließen.

Interessant sind die kompositorischen Angaben auf dem Album, die darauf hinweisen, dass *Heini Mohn* und *Ralph Wiltheiß* den größten Einfluss auf die Musik hatten, und die Kompositionen im Gruppenprozess ausgearbeitet wurden. Ob es sich bei dem Album um psychedelische Rockmusik handelt, wie manche Rezensenten dazu schrieben, mag bezweifelt werden, vergleicht man es mit *Pink Floyds* „The Piper At The Gates Of Dawn". Die Bildelemente auf dem Cover von *Bellaphons* Grafiker *Helmut Wenske* mögen da eher zu dieser Beschreibung beigetragen haben.

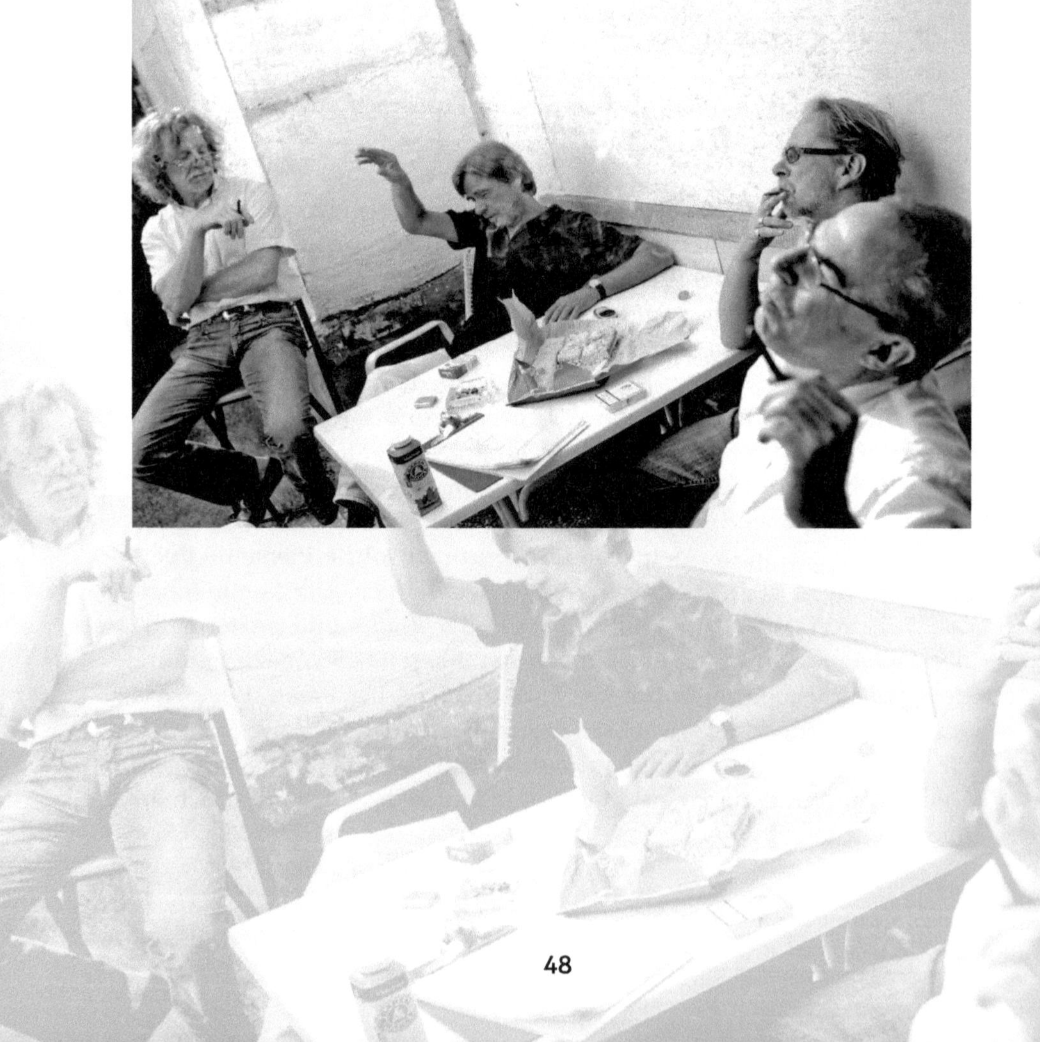

Zu den einzelnen Titeln

„You Can't Change Them All"

„Das ist hauptsächlich ein Orgelstück mit leichtem Klassikeinschlag. *Wiltheiß* arrangierte das, der Text war von *Volker Hänf*, einem inzwischen verstorbenen Sänger."

Der 18:18 Minuten lange Opener ist für die beschriebene damalige Entwicklung der Rockmusik ein typisches Beispiel. Das Stück wechselt zwischen kratzigen Hammondorgel-Improvisationen à la *Keith Emerson*, die manchmal beliebig wirken, und hardrockigen Momenten auf der E-Gitarre, unterlegt mit einem harmonischen Grundton. Sänger *Peter Bischof* müht sich zu Beginn und am Ende um einen gesanglichen Rahmen in dramatischem Gewand. Wegen seiner Komplexität und der wenig erkennbaren Songstruktur wirkt das Stück eher wie eine Jam Session. Das Problem solch langer Nummern auf LPs, die eine ganze Seite einnehmen, ist ihre vermeintliche Bedeutung bzw. Wirkung. Diese Nummern verführen dazu, sie allein wegen ihrer Länge als Glanzstück eines Albums wahrzunehmen. Typisches Beispiel ist *Iron Butterflys* „In-a-gadda-da-vida", das die anderen Titel ihrer damaligen LP in den Schatten stellte. Bei dem *Orange-Peel*-Stück ist das jedoch nicht der Fall. Der Track ist weder der wichtigste noch der beste Titel des Albums.

„Faces That Used To Know"

Griffiger ist da schon dieses Stück, Sänger *Bischof* kommt zudem mit kurzen Unisono-Parts mit Orgel und Gitarre mehr zur Geltung,

„Eigentlich war die Nummer von mir. Ich habe mich damals aber nicht darum gekümmert, ob ich da als Komponist mit draufstehe. Das war vielleicht ein Fehler. Hier gibt es mehr Blueseinfluss."

„Tobacco Road"

„Die Nummer kam als einzige Fremdkomposition mit auf das Album, weil *Bischof* bei ihr am besten gesungen hat. Heute spiele ich das Stück allerdings besser als auf der Platte."

Der Song wurde bereits 1960 von *John D. Loudermilk* als sozialkritischer Folksong komponiert und wurde damals besonders in der Version von *Eric Burdon & War* bekannt. Der bluesrockige Ansatz von *Orange Peel*, der hier *Bischof* röhren und Leslies Gitarre jaulen lässt, bezieht sich aber eher auf die früheren Versionen des Stücks wie der *Nashville Teens* von 1964 oder der *Blues Magoos* von 1966. Es ist die intensivste Nummer des Albums, zumal *Bischof* zum Schluss noch eine gesangliche Steigerung hinbekommt.

„We Still Try To Change"

Das Sturm-und-Drang-Stück des Albums, welches Leslies bestes Gitarrensolo enthält und sich zuletzt in experimentelle Klänge auflöst. Auch *Mohn* und *Cress* geben ihr Bestes, um den Track voranzutreiben. *Cress* „prügelt" sich voran, was aber (im Vergleich zu Mixes der 1980er Jahre) hier eher zurückgemischt klingt. Es wird auch deutlich, dass der Sound von *Orange Peel* wahrscheinlich durch Organist *Ralph Wiltheiß* in nicht unbeträchtlicher Weise von *Keith Emersons The Nice* beeinflusst war. Doch für die damalige Zeit bot gerade dieses Stück internationales Niveau auf Augenhöhe. *Curt Cress* sieht den Sound von *Orange Peel* auch „… als Vorboten der Jazzrock-Ära, die es in Deutschland bis dahin nicht gab."

Curt Cress in Action 1968

Die Single

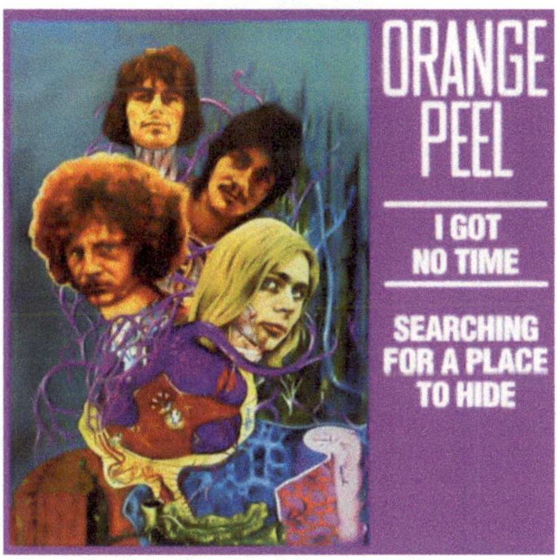

„I Got No Time"

Souliger Gesang von *Michael Winzkowski* zu einem packenden Riff mit leichtem Deep-Purple-Touch, fuzziger Gitarre und sirenenhaftigem Ende. Die beiden Single-Nummern sind übrigens deshalb nicht auf der LP, weil sie einen anderen Sänger haben.

„Searching For A Place To Hide"

Der balladesk-folkige Song wurde auf die B-Seite gelegt. Er wechselt nach der Hälfte stilistisch in eine Rocknummer, hat aber eine einprägsame Melodie.

Nach dem Erfolg des Albums kam es dazu, dass Manager *Peter Haucke* eine Tournee zusammen mit *Geronimo*, die gerade ihren Hit „Heya Heya Heya" hatten, in Frankreich organisierte. Der zuständige französische Manager *Michel* wollte *Orange Peel* jedoch alleine haben. So kam es leider nicht zu einem Konzert im berühmten Pariser *Olympia*. *Orange Peel* spielten aber im dortigen *Rock 'n' Roll-Circus* bis drei Uhr nachts. Danach trat man in Lyon in einem großen Laden auf, der 3.000 Besucher fasste, und kam dabei gut an.

Leslie Link, 1969

Die Trennung von Orange Peel

Trotz des Erfolges kam es bereits im Oktober 1971 zur Trennung von *Orange Peel*. Hierfür gibt es mehrere Gründe. Finanziell hatte sich das Bandprojekt kaum gelohnt. Bei den Tourneen mit z. B. *Deep Purple* waren die Hallen zwar richtig voll, aber *Orange Peel* sahen von der Gage kaum etwas. Früher als Profimusiker verdiente Leslie 1.100 bis 2.000 DM im Monat, am Ende musste er seinen Manager um Geld betteln, weil er nur noch 20 Mark in der Tasche hatte. Früher war Leslie jeden Tag auf einer Bühne, jetzt mit *Orange Peel* nur ab und zu auf unterem finanziellen Niveau. *Deep Purple* erhielt 12.000 DM Gage, *Orange Peel* vielleicht 200. Leslies Kollegen hatten im Unterschied zu ihm ihre soziale Absicherung. Sie lebten noch zu Hause bei den Eltern. Aber Leslie war inzwischen Vater geworden, musste als der einzige Profimusiker in der Band eine Familie versorgen. Am 2.10.1968 hatte er seine Frau Sonja Gopp geheiratet, am 18.1.1970 kam ihr Sohn Julian zur Welt.

> „Von der ach so großen Hitsingle habe ich irgendwann einmal 412 DM Tantiemen bekommen, das war's. Wir wollten nur die Musik machen, die uns gefiel und haben darauf vertraut, dass das mit eigener Musik irgendwie läuft, aber nicht geschaut, ob im nächsten Monat genug reinkommt. Wir Musiker von *Orange Peel* lebten in den Tag hinein. Ich stellte mir vor, ich spiele mich in Ekstase und gebe irgendwann auf der Bühne den Löffel ab."

Ebenfalls mag für die Trennung der Band eine Rolle gespielt haben, dass Ende der sechziger Jahre Diskotheken aufkamen und den Konzertveranstaltern Konkurrenz machten. Dies hatte schon laut *Curt Cress* bei *The Inspiration's Six* dafür gesorgt, dass für diese Band gegen Ende die Engagements weniger wurden. Für Leslie gab es aber vor allem zu große Unterschiede in der musikalischen Ausrichtung, die zur Auflösung führten.

CONDITOREI · CONFISERIE · CAFÉ 

6450 HANAU/MAIN
ECKE NÜRNBERGER-
HIRSCHSTRASSE
RUF: 06181/23914
BANK: VOLKSBANK
HANAU 2915

Aufführungsvertrag

Der Unterzeichnende Herr der Orange-Peal Kapelle vereinbarte heute zwischen dem Inhaber der Firma Europa-Cafe' und seiner Kapelle folgende Punkte:

Bei günstiger Witterung wird am Samstag den 19.7.im Park des Schlosses Phillippsruhe ein Beat Happening durchgeführt.

In Anbetracht der Neuartigkeit der Aufführung erklärt sich die Kapelle damit einverstanden als Entlohn die Summe aus dem Eintrittspreisen abzüglich aller Kosten(Gema,Vergnügungssteuer,Versicherung,Werbung und Ordnungsdienst)geteilt durch 2(d.h. 50% des Reingewinnes) zu erhalten.
Außerdem übernimmt die Kapelle für den Raum Frankfurt,Dörnigheim die Plakatierung ohne Kostenberechnung.Der Veranstalter übernimmt die Plakatierung im Raum Hanau und seinen Umgebungsorten.
Bei ungünstiger Witterung fällt das Konzert aus,und die Kapelle erhält keine Entschädigung

Sogenannte Beat Happenings mit Herren-Kapellen waren damals witterungsabhängige Musik und nur bedingt lohnenswert.

„Es war mir ein zu großer Stilmix, alles zu orgellastig, zu komplex. Wiltheiß konnte mit seinem Orgelspiel gar nicht mehr aufhören. Er wurde aber von *Heini Mohn*, dem *Zappa*-Fan, unterstützt. Da hat sich die Musik zu sehr von mir wegbewegt. Mir fiel es schwer, dagegen zu argumentieren, ich war dabei nicht direkt genug. Insofern zerfiel die Band in ein intellektuelles und ein gefühlsbetontes Lager. *Heini Mohn* theoretisierte sehr gut, hatte aber zu wenig musikalische Flexibilität, konnte nicht so gut auf seine Mitspieler reagieren. Nach der Trennung der Gruppe fiel ich aber in ein tiefes Loch. Ich hatte das Gefühl, ich habe mein Feeling verloren, konnte nicht mehr Gitarre spielen."

Leslie spielte bislang immer mit Profimusikern, bei denen man sofort ohne große Worte verstand, wie man zu spielen hatte. Bei den Profibands blieb das Repertoire schließlich lange Zeit unverändert. Da musste man nicht viel diskutieren. Die Musiker von *Orange Peel* wechselten allerdings den Stil vom Soul der *The Inspiration's Six* zu Rock und entwickelten eigene Stücke. Da musste sich weit mehr auseinandergesetzt werden. Es kamen unterschiedliche Herangehensweisen auf, insbesondere als *Ralph Wiltheiß* dazu kam. Es gab also von vorneherein weniger Konsens. Es hat aber laut *Curt Cress* weder echten Streit gegeben, noch hätten Alkohol oder Drogen eine Rolle gespielt. Lediglich bei einigen Konzerten merkte man der Band eine gewisse Genervtheit an.

„Irgendeinmal bei einem Konzert in der *Mühltonne* in Hannover hat mich Heinis Spiel so verrückt gemacht, dass ich ihm ein Wah-Wah-Pedal auf der Bühne nachschmiss und *Curt Cress* donnerte ich einmal seine Bassdrum von der Bühne. Auch zwischen Peter und *Heini* gab es Stress. *Peter* wollte spontan auf der Bühne bei einem Konzert vor der Paulskirche in Frankfurt am Ende eines Stücks auf *Heini* losgehen, weil dieser angeblich aus dem Rhythmus kam. Da musste ich ihn zurückhalten. *Peter* war damals leicht reizbar, hatte sich nicht immer unter Kontrolle."

Im Grunde hatten sich bei *Orange Peel* aber schon, als 1970 ihre LP herauskam, Auflösungserscheinungen gezeigt. Dies war laut *Cress* ein „fließender Prozess". Er selbst plante wegen der Möglichkeit, nicht zur

Bundeswehr eingezogen werden zu können, nach Berlin zu ziehen, wurde aber auch von anderen Bands wie *Emergency* umworben. Das führte dazu, dass er schließlich in mehreren Bands gleichzeitig spielte. *Peter Bischof* zog 1971 nach München. *Heini Mohn* nahm sein Jura-Studium wieder auf.

Das letzte Mal spielte die Original-Besetzung von *Orange Peel* in der ehemaligen *Eden Bar* in Hanau. Die Band gründete dort eine Jam-Session-Reihe namens „Experiment 1“, wo sie und auch andere Bands ein paar Mal in der Woche auftraten, um etwas auszuprobieren. Das war eine Art Club mit Mitgliedschaft. Jeden Abend wurde gespielt, ab und zu kamen einige Musiker, denn anders wäre die *Eden Bar* am Ende gewesen. Den Fans allerdings blieb es nicht verborgen, dass *Orange Peel* im Grunde nicht mehr richtig harmonierte.

Bellaphon wollte Leslie dann als Produzenten haben, ihm war es lieber, im *Musikhaus Hummel* in Frankfurt (später *Cream Music*) Gitarren zu verkaufen. Er musste schließlich eine Familie versorgen. Trotzdem kam es 1984, also nach 13 Jahren zu einer Wiedervereinigung von *Orange Peel* in der *Lindenau-Halle* Hanau-Großauheim. Seitdem haben *Orange Peel* bis auf zweimal jedes Jahr ein Revival-Konzert gegeben. Nur *Ralph Wiltheiß* wurde nicht angesprochen. Damals dachten *Orange Peel*, es kämen nur hundert Leute, aber es waren dann doch rund eintausendvierhundert. Und es war genug Gras über die alten Konflikte gewachsen. Vom früheren Material spielten *Orange Peel* nichts mehr, dagegen viel *Hendrix* und bluesrockige Sachen, *Cream, Rolling Stones, Joe Cocker, Elton John* bzw. Titel wie „Red House“, „I Don't Need No Doctor“, „Dear Mr. Fantasy“, „Sunshine Of Your Love“, „White Room“ und „Tobacco Road“ von der LP.

> „Aber wir haben nicht nachgespielt, sondern interpretiert. Im Unterschied zu Oldiebands, die sich oft mehr auf Charthits konzentrieren, verstand sich *Orange Peel* eher als eine Mischung aus Oldies und Jam-Session-Band, also ausgedehnten rockigen Improvisationen im Sinne unserer Vorbilder. Berühmte Bands spielen auch oft Fremdmaterial und klingen dann genauso. Am deutlichsten wird das beim

Song ‚The Letter', der bei uns weder nach *Box Tops* noch nach *Joe Cocker* klang, sondern einen leichten Jazztouch und einen flüssigeren Rhythmus hatte. Dabei wurde versucht, den Sound dieser Zeit sehr professionell wieder erlebbar zu machen, mit virtuosen Soli besonders an Drums und Gitarre. *Peter Bischof* vermittelte sich zudem als guter Animateur und Rockröhre. Wenn wir wieder spielten, trafen wir uns zwei Tage vorher und übten. *Curt Cress* hat dann noch den *Beau Hardt* am Keyboard an uns vermittelt, mit dem es gut klappte. Aber weil wir in alle Himmelsrichtungen verteilt sind, war es schwer, etwas Neues einzustudieren."

Ein letztes Mal spielten *Orange Peel* dann 2018 zweimal im Hanauer Brückenkopf (s. Foto). Ein offizielles Abschiedskonzert gab es aber schon vorher am 27.9.2013 im Hanauer Amphitheater. Da hatte Hanaus Oberbürgermeister *Claus Kaminsky* tatsächlich für *Orange Peel* die Sperrstunde verlängert, damit die Band noch Zugaben spielen konnte. *Orange Peel* besitzt in Hanau einen gewissen Legendenstatus. Ihr Renommee hat sich, trotz der zeitlich langen Distanz und ohne neue eigene Stücke komponiert und aufgenommen zu haben, bislang gehalten.

„Die Gründe dafür liegen darin, dass wir einst eine der besten deutschen Live- und Improvisationsbands waren. In Hanau hat nach uns danach eine Musik fördernde Kultur gefehlt. Und die Musikclubs sind in Hanau eher weniger als mehr geworden. In der Zwischenzeit sind nur einige deutsche Bands aus dem Zeitraum Ende der Sechziger übriggeblieben. *Curt Cress* ist ein Weltklassedrummer geworden und wir verstehen uns musikalisch sehr gut. Trotzdem kam es nie dazu, dass wir z. B. in einer anderen Formation zusammengespielt haben. Ende der Siebziger machte er mir ein Angebot, in München bei seiner Band *Snowball* mitzuspielen. Aber für mich war das Schlagzeug mit Begleitmusik. Das kam für mich nicht infrage. Auch 2016 hatten wir noch mal ein Trio namens JLC anvisiert mit *John Davis*, bg, voc, *Curt Cress*, dr und mir an der Gitarre. Das klang zwar beim Jammen gut, dieses Komponieren mit Hilfe des PCs gefiel mir dann aber trotzdem nicht."

Abschiedskonzert am 27.9.2013 im Hanauer Amphitheater

DIE ZEIT NACH ORANGE PEEL

Wie jeder weiß, ist Leslie nach *Orange Peel* in den Gitarrenhandel eingestiegen. Aber so ganz hat er die Bühne dennoch nicht verlassen. Nach 1971 war er sogar für anderthalb Jahre festes Mitglied bei der Brassrockband **Chicahlgrund** (Foto oben). Immer wieder einmal spielte er auch mit anderen Musikern live zusammen. Am ehesten hervorzuheben ist dabei das Konzert mit **Tony Sheridan** am 8.1.1988 im *Nachbarschaftshaus Lamboy Tümpelgarten* in Hanau. Das war eine Gelegenheit, einen der ganz großen Musiklegenden der Beat-Zeit kennenzulernen. Immerhin hatten die *Beatles* in ihrer Frühzeit in Hamburg (unter dem Namen *The Beat Brothers*) als seine Begleitband Aufnahmen mit ihm gemacht. (So der Titel „My Bonnie“, der Ende 1961 immerhin bis auf Platz 32 der deutschen Hitparade kam.) Leslie kannte *Tony* aus seiner Frühzeit. 1966 hatte er ihn zuletzt im Frankfurter *Weindorf* gesehen. Er wollte mit ihm damals die Gitarren tauschen. Seine wäre heute bestimmt 300.000 € wert: eine 59er Les Paul. Dann tauchte er unvermittelt 1988 in Leslies Gitarrenladen auf. Der WDR machte ein Porträt namens „It's only been a Show“ über ihn und dazu gab es eine Tournee. Leslie sollte unbedingt mitspielen. Die Musiker der Band waren allerdings obskur, wohl in letzter Minute zusammengewürfelt. Aber Leslie sagte zu und verstand sich blind mit ihm. Man spielte Titel wie „My Bonnie Is Over The Ocean“, „Skinny Minnie“ oder „What I'd Say“. Durch Leslies Mitwirkung konnte sich *Sheridan* voll auf den Gesang konzentrieren, sonst hatte er die Leadgitarre gespielt. Mehrere Konzerte kamen zustande. Leslie und *Sheridan* führten viele Gespräche über die *Beatles*, die keine guten Gitarren hatten, als *Sheridan* sie kennenlernte. Die Plattenfirma verlangte von *Sheridan*, mit den *Beatles* deutsche Titel aufzunehmen, was die aber gar nicht wollten.

Tony Sheridan und Leslie Link 1988 in Hanau

Leslies Solo-Album

Nur wenige Leute wissen, dass Leslie ein Solo-Album zusammen mit *Peter Bischof* 1984 im **Unicorn-Studio** Frankfurt aufgenommen hat, das nie veröffentlicht wurde. Es heißt „Crossroads", und besteht aus neun Titeln. Die Idee, eine LP mit Leslie zu produzieren, hatte *Jürgen Hiller* 1982 bei der Eröffnungsfeier des Unicorn-Studios. Leslie war sofort dafür, fragte allerdings, ob denn die acht Spuren der damaligen Bandmaschine ausreichen? Leslie sollte recht behalten, acht Spuren waren einfach zu wenig für aufwendige Produktionen im Overdubbing-Verfahren. Der Produktionstermin wurde verschoben und *Jürgen Hiller b*egann sein Studio umzubauen. In der Zwischenzeit arbeitete Leslie an seinen Kompositionen und Overdub-Arrangements sowie *Peter Bischof* an den Texten. 1984 war es soweit. Im neuen Unicorn-Studio wurden die Termine gebucht. Das Studio hatte jetzt, eine STUDER-24-Spur-Bandmaschine, JBL-Studiomonitore (Leslie nannte sie Arschbacken!), EMT-Hallplatte, Lexikon Hall und eine neue Akustik. Die spezielle Soundvorstellung und der damit geforderten Transparenz der Aufnahmen von Leslie, erforderte von *Jürgen Hiller* ein großes Maß an kreativem und flexiblem Engagement. Die Aufnahmen zeigten Leslie Link von einer nicht bekannten, sehr vielseitigen Seite zwischen Country, Rockballaden und Hard Rock. Mit *Orange Peel* hatte das nichts mehr zu tun und auch, wenn die Band in der Zeit einmal zusammenkam, wurde das Material dafür nicht eingesetzt.

Leslie spielte vieles selbst mit Overdubbing ein: elektrische, akustische und Bass-Gitarre, Pedal Steel Guitar wie Slide Guitar. Mit dabei waren *Peter Bischof*, Gesang, der auch die Texte schrieb, *Werner Fromm* am Schlagzeug, *Udo Kistner* am Bass, *Ute Weber* Backgroundvocals und *Jürgen Hiller* am Synthesizer. Die Kompositionen stammen alle von Leslie und er setzte hier unterschiedliche Gitarreneffekte von Phasing bis Fuzz, Kompressor oder Delay ein. Das Album wurde bei den Gruppenaufnahmen in Leslies bevorzugter Spielweise in einem Take aufgenommen.

Auffallend ist der Country-Einfluss bei einigen Stücken. Im Opener garniert Leslie eine Ballade mit einer Slideguitar und spielt eine zweite Gitarre so, dass sie fast wie ein Banjo klingt. Ein kurzes Solo auf der Fuzzgitarre setzt einen Kontrapunkt. Auch gibt es einige relaxte Instrumentals, die diesen Country-Touch haben, aber vor allem von verschiedenen Gitarrensounds leben. Diese Musik ist etwas für Freunde entspannter Gitarrenmusik à la *Peter Green*, dem balladesken *Gary Moore* oder *J. J. Cale*. Doch es finden sich ebenfalls Powerstücke gegen Ende des Albums sowie eine Rockabilly-Nummer im Hard-Rock-Gewand. Eine *Hendrix*-artige Nummer darf natürlich nicht fehlen und *Peter Bischofs* Gesang orientiert sich da auch am Meister. Bischof kommt am besten bei einer Eagles-artigen Nummer rüber mit schönem Satzgesang und Leslies Lap-Steel-Klängen. Insgesamt wirkt *Peter Bischofs* Stimme hier weicher und glatter. Seine Rock-Rebel-Phase war gesanglich vorbei. Die Arrangements des Albums können als songdienlich bezeichnet werden und stehen damit im Gegensatz zu *Orange Peel*, bei deren Album sich die Improvisationen manchmal etwas verzettelten. Insgesamt zeigt sich Leslie hier nicht nur in Bestform, sondern auch in seinem eigentlichen Ich als Gitarrist. Er beweist, dass er mehr zu bieten hat als „der *Hendrix* von Hanau"zu sein. Deshalb ist es schade, dass die Firma *Bellaphon* damals eine Veröffentlichung mit der Begründung ablehnte, es hätte nicht in die

Zeit gepasst. Gänzlich andere Stile wie New Wave und Neue Deutsche Welle waren angesagt, dennoch gab es Mitte der Achtziger sehr erfolgreiche Bands mit melodiösem und gitarrenlastigem Sound wie *Dire Straits,* die sogar Countryeinflüsse zeigten. Doch Leslie gab sich damit zufrieden, ein Album so gestaltet haben zu können, wie er es wollte, und begann kein Klinkenputzen bei anderen Plattenfirmen. Folgende Aussagen Leslies bringen die Absicht seines Soloalbums auf den Punkt:

> „Manche nennen mich den ‚Hendrix von Hanau', aber eigentlich habe ich wesentlich mehr Einflüsse. Nehmen wir *Randy Hansen,* der ausschließlich *Hendrix* covert und ihn vielleicht besser spielt als dieser selbst. Der kommt aus der Nummer aber nicht mehr raus. Das ist mir zu wenig. Ich habe sogar Pedal Steel Guitar gespielt, weil ich auch die Country- und Bluegrass-Gitarristen bewundere. Ich stehe eher für eine Mischung aus allem Möglichen: Blues, Rock, Jazz, Country, Soul. Aber das Wichtigste ist das Feeling und nicht irgendwelche Geschwindigkeitsrekorde. Wenn ich mir ein Stück vornehme, dann geht das durch den ganzen Körper, während andere das Notenblatt brauchen. Ich spiele eine Nummer daher nie gleich."

Leslie identifiziert sich in seinem musikalischen Schaffen am ehesten mit diesem Album. Eine Veröffentlichung des Albums in limitierter Ausgabe ist für 2025 geplant.

Leslie Link – Crossroads
(Unicorn Studios, Frankfurt am Main, 1984)
Produzent, wie auch Recording und Mastering: Jürgen F. Hiller

Mario Burkhard, einer von Leslies Kunden, hatte 2019 die Idee für eine Band namens *Missing Link* mit *Tony Spagone,* bg, *Maurice London,* dr, *Wolfgang Terme,* voc und Leslie. Man hatte eine vielversprechende Probe, danach traf man sich aber nur noch einmal, denn es waren alles ziemlich ausgebuchte Musiker, die bei anderen Bands spielten. So scheiterte der Plan völlig an Terminschwierigkeiten. Ein im November 2019 schon plakatiertes Konzert wurde daher abgesagt. So strich die Möglichkeit vorbei, Leslies LP-Titel von damals live zu präsentieren.

Dafür nahm Leslie am 15.3.2019 als Gitarrist am Singspiel „Wir bauen eine Stadt“ von *Paul Hindemith* unter der Leitung von *Sophia* und *Peter Schüller* (Karl-Rehbein-Schule, Hanau) in der „Alten Johanniskirche“ Hanau teil. Dabei traten noch zwölf Instrumentalisten auf und der Chor der Schule mit 123 Kindern sang zu seinem Gitarrenspiel „Purple Haze“ von *Jimi Hendrix*. Eine außergewöhnliche wie berührende Sache, denn das hatte auch mit dem Wiederaufbau der Stadt Hanau und der Bombennacht vom 19.3.1945 zu tun und war dem 120. Geburtstag von *Paul Hindemith* gewidmet. Dieser für die Musik des 20. Jahrhunderts bedeutende Komponist wurde in Hanau geboren.

Zuletzt spielte Leslie mit seinem Enkel *Joel Vincent Link* als *Link Inc.* eigene Songs und Musik der Sechziger. *Joel Link* spielt auch Gitarre und singt, wohnt zudem in Florida in einer Ecke, in der lauter große Rockstars ihre Häuser haben.

Leslie mit seinem Enkel
Joel Vincent Link als Link Inc.

BEGEGNUNGEN MIT MUSIKERPROMINENZ

Bleiben wir noch ein bisschen im Musikerleben. Wenn man so intensiv im Musikgeschäft drin war, trifft man irgendwann auf bedeutende Namen oder gar Vorbilder. *Tony Sheridan* wurde schon erwähnt. Aber die große Leitfigur des englischen Blues, **Alexis Korner** hat Leslie auch getroffen. Der wollte ihn einst sogar engagieren. Leslie hatte aber einen Vormund vom Jugendamt und dieses hätte das nie erlaubt.

> „Später war *Korner* dann sogar bei mir daheim. Anfang der Achtziger spielte er einmal in Bruchköbel. Nach dem Konzert begrüßten wir uns und dann nahmen wir ihn mit zu uns. Später fuhren wir in unseren Laden nach Hanau und machten dort noch eine Session. Es war schon fünf Uhr morgens. Dann erst lieferten wir ihn im Hotel ab. Ich war ziemlich groggy. Auf der Fahrt wieder zu uns nach Bruchköbel zurück, wo wir damals wohnten, habe ich eine Kurve nicht bekommen und bin voll in die Eingangstür der dortigen Heinrich-Böll-Schule gefahren. Das Glas und die Heizung sowie das nagelneue Auto waren kaputt. Das hat mich schließlich den Führerschein gekostet. Ein denkwürdiger Abend."

Leslie traf noch viele andere, insbesondere dadurch, dass er für die Veranstaltungsreihe „Beat Beat Beat" in der *Offenbacher Stadthalle* die Tontechnik betreute. *Wilfried Bäumer* aus Hanau hatte am Kanaltorplatz ein Musikgeschäft und führte für den Hessischen Rundfunk die Übertragungstechnik durch. Er hatte mit der Firma Echolette Gesangsanlagen einen Vertrag und lieferte daher 1969/1970 die Anlagen für „Beat Beat Beat". Leslie half ihm dabei und später tat er dies auch in der *Jahrhunderthalle Höchst.* Auf diese Weise kam es dazu, dass Leslie sein großes Vorbild **Jimi Hendrix** getroffen hat.

> „Ich war ein totaler Fan von ihm, diese Power, aber auch wie er sang, obwohl er seinen Gesang selbst anders sah. Ich spiele ihn nicht mit jedem Ton nach, ich erfühle ihn. *Hendrix* führte zudem Rhythmus- und

Leadgitarre zusammen. Bei seinem Konzert am 17. Januar 1969 in der Jahrhunderthalle Frankfurt haben die Leute die Glastüren wegen ihm eingedrückt. Nach seinem dortigen Auftritt ging ich mit *Jimi* ins *K 52*. Wir haben ein bisschen Small Talk gemacht und uns über *Little Richard* unterhalten, in dessen Band er mal war."

Später war Leslie auch bei *Al Green, Jose Feliciano* und den *Everly Brothers* tätig. *Stephen Stills,* den er bei einem Konzert in Frankfurt mixte, vertilgte vor seinem Auftritt zwei Flaschen Whiskey, sodass Leslie schon dachte, er fliege ihm vom Hocker. Und *J.J. Cale* hat Leslie einmal dessen National-Gitarre von *Alexis Korner* aus dem Jahr 1928 in seiner Garderobe verkauft.

„Mein lustigstes Erlebnis war aber bei *Bill Withers,* der ja mit ‚Ain't No Sunshine' einen Riesenhit hatte. Damals kam ich mit Sepplhut zum Auftritt. Dann setzte ich beim Soundcheck aus Jux und Tollerei dem Drummer so einen Asterix-Flügelhelm auf den Kopf und der wackelte ständig damit herum. Die Band hat sich totgelacht."

Als Leslie im Frankfurter Musikhaus Hummel arbeitete, rief ihn oft Veranstalter **Fritz Rau** an. Man kannte sich, weil Hummel auch den Vorverkauf für Konzerte übernahm. Rau hatte sein Büro gegenüber und so wurde Leslie sein Ansprechpartner für die Tontechnik. Er nahm immer seine Gitarre mit, und manchmal ergab es sich deshalb, mit den Musikern eine Session zu machen und mit einigen Stars ging man auch aus.

„*Fritz Rau* lud uns z. B. nach einem *Stones*-Gig zum *Karrenberg* ein, gegenüber dem *Frankfurter Hof* in Frankfurt. Wir waren zu viert, meine Frau Sonja, ich und ein befreundetes Pärchen. Als wir eintrafen, saß Rau dort schon mit *Bill Wyman*. Um 1:30 Uhr kam dann *Mick Jagger* dazu. Mein Freund wollte gleich ein Autogramm, ich hielt ihn aber zurück. *Rau* bat uns dann zum Tisch. Jagger saß in unserer Mitte und wir sprachen über *Alexis Korner*. Ich hatte schon einen in der Krone und brachte ihm sächsisch bei: ‚You know, ab heute heeßt du Maik Jäächer!' Jagger wirkte sympathisch auf mich und wir saßen bis 4:30 Uhr zusammen."

Ein eher gegenteiliges Erlebnis hatte Leslie mit **Ginger Baker** im *Zirkus Krone* in München. *Baker* war ein unheimlich schräger Typ. Er sollte die große Bühne haben, *Orange Peel* oben den Zirkuskapellenbalkon. Das hatte Leslie schon nicht gefallen. Die Band traf *Baker* in der Garderobe und *Ralph Wiltheiß* nahm sich dort ein Bier. Das passte dem Herrn *Baker* aber gar nicht. Da sagte Leslie zu ihm:

„Weißt du was? Fuck off! Behalt dein Bier, Du kannst gern alleine spielen!"

Orange Peel trat auch 1970 im Mannheimer *Rosengarten* als Vorgruppe von **Deep Purple** auf. Deren Gitarrist *Ritchie Blackmore* benutzte drei Marshall-Verstärkertürme. Das war eine für *Orange Peel* bis dahin unbekannte Dimension von Lautstärke.

„*Blackmore* hatte gewisse Starallüren und war ein Chaot, die anderen waren ok. Mit *Blackmores* damaligen Gitarrenexzessen wie Gitarre zertrümmern kann ich nichts anfangen. Ein Instrument, das ich liebe, und das mit mir zusammengewachsen ist, zerstöre ich nicht. Ich bekomme noch heute das Grausen, wenn ich so etwas sehe. Selbst bei den *Tielman Brothers* bin da inzwischen nicht mehr beeindruckt, obwohl ich das mit 13 Jahren natürlich anders gesehen habe. Dann sollten wir mit *Deep Purple* in Aachen spielen. Wir hatten aufgebaut, doch wir warteten vergeblich. Dem *Blackmore* war seine schöne laute Anlage verreckt und aus London sollte eine neue mit dem Hubschrauber eingeflogen werden. Das hat aber nicht geklappt. Sie weigerten sich, mit einer fremden Anlage zu spielen. Die Zuschauer waren schon in der Halle. Wir mussten ihnen erklären, dass *Deep Purple* ausfallen würde. Die bekamen zwar ihr Geld zurück, doch uns wurde mulmig. Dann spielten wir trotzdem; es kam zum Glück gut an."

LESLIES SONG-FAVORITEN

Wenn man von Einflüssen und Musikern spricht, kann man die Songs nicht außen vorlassen. Hier sind ein paar, die Leslie stark inspirierten oder für ihn zu den Meilensteinen zählen. Leslie meint dazu:

Little Richard – Tutti Frutti
„Für mich sozusagen der Rock 'n' Roll-Urschrei, der in mir eine musikalische Revolution auslöste. Danach war alles anders. Der Aufbau der Nummer mit diesen Breaks ist ungewöhnlich. Und dann dieser Gesang. *Little Richard* war im Grunde das Urbild der Rockröhre und Vorbild für alle Sänger, die etwas herausschreien wollen. Diese energetische Rhythmik ist für mich zum ultimativen Vorbild geworden."

Ray Charles – What I'd Say
„Einzuordnen irgendwo zwischen Rhythm & Blues, Gospel und Soul. Zum ersten Mal habe ich dieses Stück 1963 in der *Atlantic Bar* Hanau gehört. Es ist aus einer Improvisation heraus entstanden und war für mich der Einstieg in die schwarze Musik. Dadurch kamen Gospel, *Aretha Franklin, Otis Redding* und *Sam Cooke* auf mich zu. Später kulminierte das im Repertoire von *Inspiration's Six*. In der Beatzeit nahm man einzelne Soul-Stücke in die Setlist, selbst wenn man keine Bläser hatte. *Ray Charles* hat auch weiße Sänger beeinflusst wie *Eric Burdon, Joe Cocker, Steve Winwood* oder *David Clayton-Thomas*."

Joe Cocker – Jamaica Say You Will
„Das packt einen, dies ist einer der gefühlvollsten, intensivsten Songs, die ich kenne. Das prägte meine Vorstellung, wie Sänger klingen sollten."

Ramsey Lewis – Wade In The Water
„Mit diesem Souljazz-Stück habe ich mich im Hanauer *CSL* (die frühere *Kartaune*) angeturnt. Sehr gospellastig mit partymäßiger Stimmung dabei. Eine der wenigen Nummern, die ein Jazzer in die Charts bringen konnte."

Jimmy Smith – Night Train

„Smith sang immer bei seinem Orgelspiel mit. Man sieht, ich höre Jazz und alles Mögliche, vielleicht außer Heavy Metal. Auf der Frankfurter Musikmesse durfte ich einmal mit *Jimmy Smith* jammen. Er spielt so, wie ich das als Organist machen würde. Er hat immer die Blue Note drin. Seine Phrasierung hat mein Gitarrenspiel sehr beeinflusst."

Eric Clapton – Crossroads

„Im Frankfurter *Weindorf* hörte ich zum ersten Mal *Claptons* Namen. Musiker verglichen mich immer mit ihm. Ich hatte aber noch nie von ihm gehört. Er war der Mann für Bendings und Vibrato. Das inspirierte mich."

Wes Montgomery – Chim Chim Cheree

„Diese Jazzfassung eines Liedes aus dem Musical „Mary Poppins" performte Montgomery in der Oktavtechnik. Er schlug die Saiten mit dem Daumen an, weil er so beim Üben daheim leiser klang. Ich versuchte, es nachzumachen, es klappte nicht. Irgendwann traf ich den Jazzgitarristen *Atilla Zoller*, der mir das mit dem Daumenspiel vermittelte. Ein Rockmusiker kann so was gar nicht spielen. Meine wichtigsten Inspirationen bekam ich ehrlich gesagt von Jazzern und Bluesern."

Jimi Hendrix – Voodoo Chile (Slight Return)

„Unglaublich sexy. Das infizierte mich. Eine Kombination aus Rhythmus- und Leadgitarre. Ich habe das gleiche Feeling wie *Hendrix*, aber ich spiele nichts nach. *Hendrix* probierte im Studio unheimlich viel aus. Ich tat es ihm damals gleich. Der Ton kommt langsam im Feedback, steigt in den Obertonbereich, Oktave drüber, dann macht man ein Vibrato. So entsteht dieser Sound. Ich baute mir auch ein Panorama-Pedal mit Delay, um den Klang durch die Stereokanäle sausenzulassen. Sein Album ‚Electric Ladyland' war für mich der Höhepunkt überhaupt. Bei der *Band of Gypsys* sang er dann weniger, da war bald die Luft raus."

Crosby, Stills, Nash & Young – Love The One You're With
„Unglaubliche vier Akustikgitarren und dann dieser Satzgesang, das war damals neu. Insbesondere *Steve Stills* mag ich von den vieren am liebsten."

Led Zeppelin, Whole Lotta Love
„Abgesehen davon, dass dies das Stück mit den besten Kanalwanderungen ist, die ich kenne, gibt es hier einen Break nach dem psychedelischen Teil, wenn der Song mit den beiden Schlägen wieder anfängt. Das ist einfach nur orgiastisch."

„Mit der Musik von heute kann ich wenig anfangen. Ich entdecke für mich nichts Neues, was mich begeistert. Außerdem habe ich rund 3.000 Platten, da gibt es mehr zu hören, als ich noch schaffen werde. Mein Eindruck ist für mich aber keine Frage des Alters, sondern der sinkenden Qualität in der Musikszene. Der Rock Rebel ist over, es geht nur noch um Show und Money. Die Ballettdarbietungen auf der Bühne scheinen wichtiger zu sein als die Musik. Nach 2010 ist mir im Grunde nichts hängengeblieben. Ich höre zudem kaum mehr Radio, nur noch Nachrichten."

LESLIES GITARREN

Auf das Thema soll nur eingeschränkt eingegangen werden. Dies ist schließlich kein Buch für Gitarrenfreaks. Leslies Gitarrenvorlieben sind mit der Entwicklung der Rockmusik verbunden. Es begann bei ihm mit der **Fender Stratocaster**, und über die *Tielman Brothers* begeisterte er sich früh für die *Fender Jazzmaster* 1700. Die Indobands spielten diese Gitarre fast alle, anfangs auch die *Gibson Les Paul*. Allerdings war der Sound der Fender transparenter. Dann wandelte sich der Gitarrenstil. Bei „Hello Mary Lou" z. B. spielte *James Burton* mit einer **Telecaster**, die dünnere Saiten hatte und ein erstes Bending ermöglichte. Die *Beatles* eröffneten schließlich eine neue Welt der Harmonien. Deren Gitarren klangen anders, schon aufgrund des voluminöseren Sounds ihrer Vox-Verstärker. Über die *Pete Chester Combo* und deren Gitarrist *Johnny Kelly* kam Leslie mit der *Gretsch Skeleton Gitarre* inklusive Röhrenamp von Gretsch in Berührung. Er kaufte sich deshalb eine **64 Country Gentleman** Gitarre von **Gretsch**, die auch *George Harrison* spielte. Diese benutzte er 16 Jahre lang bis in die *Orange Peel*-Zeit hinein. Dann ist da noch die **Maybach Stradivari**, eine Stratocaster-Gitarre, und für Leslie die vielseitigste Gitarre heute.

> „Sie hat drei Single Coil Pickups, die man mit einem Fünfer-Wahlschalter kombinieren kann, einzeln oder zusammen. Die Tremolos sind dazu gut einsetzbar. Und zu meinen Lieblingsgitarren gehört auch noch die **LSL Telecaster** von **Fender**. Bei der verzerrt nichts und ich kann den Ton so hinbekommen, wie ich ihn mir vorstelle. Zur Gitarre gehören aber auch Saiten und Plektrum. Öffnen wir also mein Gitarrenzaubererkästchen, in dem die Dinger drin liegen. Als Saiten nehme ich **10er Andy Ball Regular Slingy 10/46** und stimme die einen halben Ton tiefer. Das sind mittlere Stärken. Ich modelliere viel beim Greifen, deshalb brauche ich sensible Saiten. Ich spielte zudem früher mit dem Plektrum **Belcanto Medium**. Später habe ich Edelhölzer versucht, aber jetzt bin ich bei **Jim Dunlop 1,5 mm Tortex** gelandet. Das greift sich am besten an, verschafft mir mehr Kontrolle beim Spiel.

Dieses Plektrum nehme ich verkehrt herum mit der abgerundeten Kante an der Gitarre, nicht mit der spitzen. Bei der Flageoletttechnik ist das gut einsetzbar."

Und noch ein bisschen Fachsimpelei. Bestimmt gibt es ein paar Neugierige, die wissen wollen, was Leslie so an **Zusatzgeräten** bevorzugt und was er sich im Laufe eines Gitarristenlebens zugelegt hat. Zur besseren Vorstellbarkeit für den Laien gibt es ein paar grundsätzliche Erklärungen dazu. Selbst wenn es lustig klingt: Bei den Effektgeräten hat Leslie gern ein *Leslie*. Das ist ein Gerät, welches eigentlich für die Hammondorgel gebaut wurde. Es hat rotierende Schallabstrahler, die vor den Lautsprechern sitzen, und ein Vibrato erzeugen, das auf schnell und langsam verstellbar ist. Der Ton fängt an zu schwingen, und das erzeugt einen flirrenden Klang und einen voluminöseren Sound. Doch ist es ein sehr schweres Gerät.

Ein *Kompressor* löscht unangenehme Spitzensignale, ist als *Sustainer* für die Länge des Ausklingvorgangs eines Tons benutzbar. Er kann leise Töne voller und lauter und laute Töne gleichmäßiger klingen lassen.

Leslies bevorzugter *Verstärker* ist der *Fender Bassman 59,* mit 4 x 10er Speakern. Eigentlich ist das ein Bassverstärker. Die Abstrahlung von den Lautsprechern und die Tiefe ist für Leslie aber einmalig.

Ab und zu braucht man ein *Hallgerät.* Leslie bevorzugt ein Fender Röhrenhallgerät von 1963. Dann hat der Bühnengitarrist in der Regel noch ein Volume-Pedal, für Balladen ein *Delay* (Hallgerät). Hall ist eine Simulation von Raumklang. Ein Delay hingegen wiederholt grundsätzlich nur ein Schallereignis in einem zeitlichen Abstand so oft, wie es eingestellt wird. Es ist also tatsächlich eher ein Effekt, während Hall dazu genutzt wird, trockenen Studioaufnahmen die Illusion einer Räumlichkeit zu verpassen.

Beim *Echogerät* kann man die Töne rückwärts kommen lassen. Leslie übersteuert manchmal das Feedback, sodass der Sound immer höher geht, dann schaltet er den Motor aus, nimmt ein Panorama-Pedal und schon saust der Klang durch die Lautsprecher von links nach rechts.

Und dann natürlich das *Wah-Wah-Pedal*. Mit diesem Effektgerät, das seinen jaulenden Ton per Pedaldruck erzeugt, muss man aber ökonomisch umgehen.

Auch ein *Harmonizer* bringt für manche Musikpassagen etwas, wenn man z. B. Vielstimmigkeit erreichen will. Mit Hilfe eines Harmonizers lassen sich aus einem Einzelton vielschichtige Klänge erzeugen.

Dann gibt es noch den *Octaver* für maximal drei tiefe Saiten. Damit wird eine Oktave nach oben oder unten zum Original-Ton synchron dazu gespielt, so ähnlich als würde man mitsummen.

Kein *Hendrix*-Verehrer ohne *Fuzzbox*. Entsprechend hat Leslie ein *Fuzzface* wie *Hendrix*. Dieses Effektgerät erzeugt einen verzerrten, kratzenden Klang mit vielen Obertönen. Eine Fuzz ist eine Sonderform des Verzerrers. *Hendrix* war dafür bekannt.

Auch interessant ist der *Guitarsynthesizer* von Roland, mit dem man zum normalen Klang per *MIDI* Orgel oder Bläsersounds mitspielen kann.

Leslie vor seinem Gitarrenladen

DIE ZEIT ALS HÄNDLER FÜR MUSIKINSTRUMENTE

„Manche mögen sich fragen, ob mein Wechsel vom Profimusiker zum Gitarrenhändler nach *Orange Peel* ein Verzicht auf eine Karriere als Rockmusiker war. Ich kann nur sagen, ich bin mit mir im Reinen. Ich hätte nichts anders gemacht. Karriere hat mich nie interessiert, sondern ob ich die Gelegenheit hatte, live so zu spielen, dass ich berührt bin. Das geht auch ohne Stadionrock. Der Wechsel zum Händler war keine Umstellung für mich. Das Publikum hat mir nicht gefehlt. Zwar gefielen mir die Clubauftritte, aber ich hatte immer den Kundenkontakt. Einen Gitarrenladen so aufzubauen, dass er zu den Top-Läden in Europa gehörte, ist von großem Reiz. Außerdem spielte ich all die Jahre weiterhin live."

Angefangen hatte Leslie im **Musikhaus Hummel**, Frankfurt am Main (später *Cream Music*). Dort arbeitete er von 1972 bis 1974. Man kannte ihn schon gut und nahm ihn gerne. Er zog Kunden mit Wissen und Begeisterung an, lernte aber das Kaufmännische für sich dazu. Hier kaufte zudem die Prominenz Gitarren, Leute wie *Costa Cordalis, Ulli Günther* von den *Lords, Alexis Corner*. *Hummel* war weltweit bekannt. Das Musikhaus lag in Nähe zum Bahnhof sowie zur Festhalle und zu den Hotels, in denen die Stars wohnten. *Hummel* bot immer die neuesten Geräte an, die es woanders noch nicht gab. Und Veranstalter *Fritz Rau* hatte sein Büro um die Ecke, und der fragte Leslie einmal spontan, ob er bei den großen Konzerten das Equipment liefern und sie mixen könne. So kam Leslie auch zu diesem Job.

Mit der Mutter Hummel verstand er sich aber irgendwann nicht mehr so gut. So wechselte er dann von 1973 bis 1974 zu **Musik-Bäumer** in Hanau, Am Kanaltorplatz. Da er damals in Dörnigheim wohnte, war das zudem ein kürzerer Arbeitsweg. Das sparte ihm Zeit, denn er war außerdem in der Zeit als Vertreter für Verstärker unterwegs.

Danach veränderte sich Leslie und war von 1974 bis 1976 im **Musikhaus Bayer,** Hanau in der Langstraße, angestellt. Er baute dort eine Gitarrenabteilung auf, hatte großen Freiraum aber verdiente auf Dauer zu wenig.

> „Schließlich beschloss ich, mich selbständig zu machen. Ich gründete **Leslie's Guitar Village**, Hanau, Marktstraße 24. Der Laden existierte vom 2.10.1976 bis 1984. Ich hatte zwei stille Teilhaber, Bernd Trageser und Klaus Schmidt. Das waren Journalisten vom Hanauer Anzeiger und Fans von mir, mit denen ich das finanzieren konnte. Bis 1984 war ich Geschäftsführer. Die Teilhaber wollten jeden Monat Geld sehen. Das Geschäft warf aber nicht genügend für drei ab. 1984 wurden schließlich die Teilhaber des Ladens über einen Kredit ausbezahlt. Meine Frau Sonja stieg nun als gelernte Industriekauffrau mit ein. Sie hatte schon bei *Bellaphon* im Musikgeschäft gearbeitet. Der Laden wurde zudem umbenannt in **Links Musical Instruments**, Hanau, Marktstraße 24. Seitdem führten wir ihn gemeinsam, wobei Sonja als Inhaberin fungierte. Bis 1995 hat der Laden richtig gebrummt. Es

kamen vorwiegend semiprofessionelle Musiker, die sich was gönnen wollten, sogar Straßenmusiker, teils auf Abzahlung. Wir waren für hochwertige Gitarren bekannt."

Ab 1996 wurde allerdings die Konkurrenz größer. Die großen Händler hatten es da einfacher: Ohne Eigenkapital oder persönliche Haftung betrieben sie ihre Läden. Einige hatten auch große Erbschaften im Hintergrund. Bei den Links war es anders herum: Sie mussten sich das Geld leihen und dafür haftet man eben. Ab der Jahrtausendwende kam der Internethandel auf, und das führte zu Dumpingpreisen. Damit bekam der Laden eine gefährliche Konkurrenz, und die Laufkundschaft wurde weniger. Als die Links versuchten, da mitzumachen, stellte sich heraus, dass es sich kaum lohnte.

„Die Kunden probieren viele Gitarren aus, schicken sie dann wegen der Rücknahmegarantie wieder zurück. Die Versandarbeit, das Verpacken, Wegbringen usw. macht viel Arbeit, ohne dass man daran etwas verdient. Man hat ständig Verpackungskosten auf eigene Kosten. Der Internetkunde ist zudem wesentlich anspruchsloser geworden und hat kaum Ahnung von Qualität bei Gitarren, weil es weniger Musikalienläden gibt, in denen man etwas ausprobieren kann. Der Name des Herstellers und der billigere Preis sind zunehmend Kaufkriterien geworden. Das größte Problem sind heute die geringen Kalkulationsspannweiten. Das machte viele Geschäfte unserer Art kaputt."

Die Links hatten im Laufe der Zeit ausprobiert, sich zu spezialisieren, z. B. mit Angeboten für die Countryszene. Aber dann übernahmen große Musikalienläden diese Tendenzen, die die Preise der Markenprodukte drückten und ihre eigenen Marken teuer verkauften. Leslies Laden öffnete z. B. den Markt für neue Gitarrenprodukte wie die *FGN*-Gitarren. Die verkauften sich solange gut, bis sich andere, potentere Händler darauf stürzten und die Lieferanten zu diesen abwanderten. So blieb für den Laden nur ein kleiner Marktanteil übrig. Die großen Händler verhielten sich insofern wie Trittbrettfahrer, denn sie bekamen von den Herstellern großzügige Rabatte, damit die Vertreter ihre Monatsziele erreichten, Rabatte, die Links Laden nicht erzielen konnte.

Zu beobachten war seit etwa 2010 auch eine Änderung des musikalischen Geschmacks. Deshalb überholte die akustische Gitarre die elektrische und errang einen Anteil von etwa 70 Prozent in der Nachfrage. Zudem entwickelten sich Modewellen bei den Musikern, die allgemein die Gitarre zurückdrängten, wie die Keyboarder mit ihren MIDI-Files, die für viele Anlässe wie Feiern den Auftritt von Bands ersetzten. Auch die Zahl derjenigen Sänger nahm zu, die nur mit Playback auftreten und ohne Gitarre spielen. Die wurden häufiger gebucht, weil sie billiger zu haben sind. Mitte der achtziger Jahre zu Zeiten der Neuen Deutschen Welle und des Synthie-Pops kauften Musiker mehr Elektronik, Keyboards und Synthesizer. Es gab zwar etwas später die Welle der teuren Designergitarren, besonders im Heavy Metal-Bereich, deren Anteil war in Links Laden aber gering gewesen.

> „Auch die Kundschaft hat sich verändert. Wir hatten zuletzt zunehmend weibliches Publikum, fast die Hälfte der Kundschaft. Ebenso nahmen Folkmusiker zu. Sie waren gegen Ende die Hauptkundschaft und gaben einiges aus. Die Gitarren-Anfänger beginnen meist mit Klassik, was den Kauf von Nylongitarren fördert. Das Anfängerpublikum ist aber nicht das entscheidende Publikum. Wichtig ist die richtige Beratung, z. B. müssen die Halsbreiten zur Hand des Kunden passen. Darauf habe ich mich spezialisiert. Ich schaue mir deren Finger an, frage, was sie spielen wollen usw."

In der Geschichte von *Links Musical Instruments* waren die **Workshops** die Highlights, immer sehr erfolgreich und gut besucht. Berühmte Gitarristen zeigten Gitarrentechniken, die Teilnehmer kamen aus ganz Deutschland und konnten Fragen stellen. 1999 hatte Leslie **Doyle Dykes** eingeladen, ein amerikanischer Country-Akustikgitarrist, beeinflusst von *Chet Atkins*. Im *Jazzkeller Hanau* gab es eine Ausstellung von Gitarren und dazu den Workshop. Einmal brachte die Firma *Fender* Gitarren bis zum Wert von 75.000 DM mit. Sie bot den Kunden an, ihre Gitarren neu zu besaiten. Eine weitere Berühmtheit für die Gitarrenworkshops war **Steve Morse,** Mitbegründer der Fusion-Band *Dixie Dregs,* Mitglied von *Kansas* und *Deep Purple.* Er wurde sechsmal für einen Grammy nominiert und von der Zeitschrift Guitar Player fünfmal hintereinander zum

Guitar-Workshop mit Steve Morse (rechts)

„Guitar Player of the Year" gewählt. Die Links mieteten dazu die Langenselbolder *Klosterberghalle*. Alles lief per Mundpropaganda. Ein paar Anrufe, ein Plakat, schon waren 60 bis 70 Leute da. Im Hanauer Club *Ku-Ba* präsentierte man des weiteren **Frank Gambale**, ein australischer Jazzgitarrist und einer der weltbesten Sweep-Picking-Techniker. Auch **Paul Gilbert**, war zu Gast in der damals noch existierenden Hanauer *Schweinehalle*. Links Musical Instruments war einer der angesagtesten Gitarrenläden überhaupt, wie solche Angebote zeigten.

> „Es gab Kunden, die danach die Gitarre für immer in die Ecke gestellt haben und andere, die dann richtig vom Spielen besessen wurden. Heute ist diese Zeit dafür leider vorbei. Vielleicht sind die Workshops durch Lehrvideos auf YouTube abgelöst worden. Es gibt höchstens noch den *Guitar Summit*, eine jährlich stattfindende Fachmesse für Gitarristen mit Workshops in Mannheim."

Guitar-Workshop mit Geoff Whitehorn (Ex-Procol Harum, Crawler, If)

Ein anderes Highlight für Leslie war die Verleihung der **August-Gaul-Plakette** an ihn am 15.5.2011 durch Hanaus Oberbürgermeister *Claus Kaminsky*. *Richard Schaffer-Hartmann*, stellvertretender Leiter des Museums Schloss Philippsruhe, hatte ihn vorgeschlagen. Dazu gab es sechs Wochen lang Berichte bis zum Hessischen Rundfunk. Über eine Karriere im Gitarrenhandel hatte Leslie genauso wenig nachgedacht wie über eine als Musiker. Der Hersteller *Gibson* bot ihm 1999 die Betreuung eines Gitarrenmuseums mit Verkauf von sehr teuren Gitarren in Frankfurt an, ein sogenannter Kastenjob. Leslie flog nach Nashville, um sich so etwas anzusehen. Aber das Risiko war ihm zu groß und er hätte dazu außerdem seinen Laden aufgeben müssen.

Bei der Verleihung der August-Gaul-Plakette durch OB Claus Kaminsky

Genau das geschah dann leider im Jahr 2024. Und das hat mit dem Tod von Leslies Frau Sonja zu tun.

„Das hat natürlich das Geschäftsleben völlig durcheinandergewirbelt, weil sie den Laden letztlich führte. Sie hatte schon immer ein Muttermal am Bein, welches sich Anfang 2023 verdickte und zu bluten anfing. In einer Hautklinik schnitt man es heraus und stellte schwarzen Hautkrebs fest. Dann gab es eine Hauttransplantation. Das ging eine Weile gut, bis die Oberfläche rau wurde. Eines Tages kam sie nicht mehr allein aus dem Bett, die Sprache verlangsamte sich. Sie wurde ins Krankenhaus eingeliefert, ins künstliche Koma versetzt und an die Herz-Lungen-Maschine angeschlossen. Der Kopf wurde immer dicker. Man prophezeite mir, das ließe sich zwar noch 14 Tage verlängern, aber dazu müsste man ein Bein

Sonja und Leslie Link mit Sohn Julian

amputieren und es blieben Hirnschäden. Sie hatte zudem Metastasen in der Lunge und daher noch maximal sechs Monate zu leben. Mein Sohn Julian und ich beratschlagten uns und beschlossen, die lebenserhaltenden Maschinen abschalten zu lassen. Am 12.2.2024 ist sie dann gestorben. Das traf mich wie ein Keulenschlag und ich brauchte Monate, um mich zu fangen, denn der Gitarrenladen konnte auch nicht mehr gehalten werden."

Die Links dachten ursprünglich einmal, nach der Aufgabe des Geschäftes an den Tegernsee zu ziehen, vorher zogen sie allerdings schon 2004 mehr in die Natur nach Bad Orb. Und heute?

„Da male ich wieder Aquarelle, das habe ich früher schon getan. Ich hatte eine Lehre als Plakatmaler gemacht, wollte auf die Hochschule für Gestaltung in Offenbach gehen, aber ohne Abitur wurde man da nicht genommen. Vielleicht wäre ich Kunstmaler geworden. Und ich fotografiere zudem sehr gerne. Immer wieder greife ich auch zu meinem Lieblingsbuch den ‚Maghrebinischen Geschichten', einer Sammlung satirischer Kurzgeschichten von *Gregor von Rezzori,* ein Buch voller jiddischem Humor, über das ich mich köstlich amüsieren kann."

Leslie Link 1971

Besonderer Dank geht an

Ursula Zierlinger

Annette Harnecker

Curt Cress

Jürgen F. Hiller

Hans-Jürgen Lenhart und Leslie Link 2013

Bildrechte

Die Bilder stammen aus dem Privatarchiv von *Harald Heinz Link*, außer den unten angegebenen. Fotografen, deren Bildmaterial verwendet wurde und die nicht ermittelt werden konnten, mögen sich bitte bei *Harald Heinz Link* (Leslie.HH.Link@gmail.com) melden.

Cover, S. 57, 73	Dieter Kögel
S. 34, 36, 37	shakin-all-over.de
S. 38	Achim Farr
S. 40, 51	Helmut Wenske
S. 41 u	Octagon (https://commons.wikimedia.org/wiki/File:Curt_Cress.JPG), „Curt Cress", https://creativecommons.org/licenses/by/3.0/legalcode
S. 43 m, 50, 58	Hans-Jürgen Lenhart
S. 64	Günter Gottlieb
S. 83	Daniel Siebert